教育部职业教育与成人教育司推荐教材
全国卫生职业院校规划教材

供高职(五年制)护理、涉外护理、助产、检验、药学、药剂、卫生保健、康复、口腔医学、口腔工艺技术、社区医学、眼视光、中医、中西医结合、影像技术等专业使用

医学遗传学基础

（第二版）

主　编　王静颖　王　懿
副主编　代凤兰　张宏伟
编　者　（按姓氏汉语拼音排序）
　　　　代凤兰　（聊城职业技术学院）
　　　　戴国雄　（嘉应学院医学院）
　　　　李桂英　（四川省卫生学校）
　　　　宋宝爱　（山西医科大学晋中学院）
　　　　王　懿　（酒泉卫生学校）
　　　　王静颖　（聊城职业技术学院）
　　　　温军鸿　（湛江卫生学校）
　　　　肖立英　（大连铁路卫生学校）
　　　　张宏伟　（临汾职业技术学院）
　　　　赵　斌　（四川省卫生学校）
　　　　祝满辉　（咸宁卫生学校）

科　学　出　版　社
北　京

·版权所有　侵权必究·

举报电话:010-64030229;010-64034315;13501151303(打假办)

内 容 简 介

本书是"教育部职业教育与成人教育司推荐教材、全国卫生职业院校规划教材"之一。全书共分8章,内容包括绪论、遗传的分子基础、遗传的细胞学基础、遗传的基本规律、人类性状的遗传方式与遗传病、遗传病的诊断与防治、遗传咨询与优生、遗传与环境等。

本书根据医学相关专业培养高素质技能型专门人才的培养目标和岗位需求,突出了"贴近学生、贴近社会、贴近岗位"的思路,以模块为基础,以"链接"和"案例"为特色。教材内容不仅具有科学性、系统性,更具有实用性和创新性,内容流畅、图文并茂。可供高职(五年制)护理、涉外护理、助产、检验、药学、药剂、卫生保健、康复、口腔医学、口腔工艺技术、社区医学、眼视光、中医、中西医结合、影像技术等专业使用。

图书在版编目(CIP)数据

医学遗传学基础 / 王静颖,王懿主编. —2版. —北京:科学出版社,2007.12

教育部职业教育与成人教育司推荐教材. 全国卫生职业院校规划教材
ISBN 978-7-03-020778-4

Ⅰ.医… Ⅱ.①王…②王… Ⅲ.医学遗传学–专业院校–教材
Ⅳ.R394

中国版本图书馆CIP数据核字(2007)第202465号

责任编辑:周万灏　李　婷/责任校对:张小霞
责任印制:赵　博/封面设计:黄　超

版权所有,违者必究。未经本社许可,数字图书馆不得使用

科 学 出 版 社 出版
北京东黄城根北街16号
邮政编码:100717
http://www.sciencep.com

新科印刷有限公司 印刷
科学出版社发行　各地新华书店经销

*

2003年 8月第　一　版　开本:850×1168　1/16
2007年12月第　二　版　印张:7 1/4
2017年 5月第十八次印刷　字数:188 000
定价:16.00元
如有印装质量问题,我社负责调换

技能型紧缺人才培养培训教材
全国卫生职业院校规划教材
五年制高职教材建设指导委员会委员名单

主任委员 刘 晨

委 员（按姓氏汉语拼音排序）

曹海威	山西医科大学晋中学院	邱大石	潍坊卫生学校
陈锦治	无锡卫生高等职业技术学校	任传忠	信阳职业技术学院
程 伟	信阳职业技术学院	申惠鹏	遵义医药高等专科学校
池金凤	聊城职业技术学院	孙 菁	聊城职业技术学院
丁 玲	沧州医学高等专科学校	田桂莲	聊城职业技术学院
范志刚	临汾职业技术学院	田锁臣	聊城职业技术学院
方 勤	黄山卫生学校	王 懿	酒泉卫生学校
冯建疆	石河子卫生学校	王静颖	聊城职业技术学院
傅一明	玉林市卫生学校	王品琪	遵义医药高等专科学校
顾承麟	无锡卫生高等职业技术学校	王秀虎	邵阳医学高等专科学校
桂 勤	惠州卫生学校	文润玲	宁夏医学院高等职业技术学院
郭家林	遵义医药高等专科学校	吴世芬	广西医科大学护理学院
郭素侠	廊坊市卫生学校	肖守仁	潍坊卫生学校
何从军	陕西能源职业技术学院	谢 玲	遵义医药高等专科学校
姜妹娟	淄博科技职业学院	徐正田	潍坊卫生学校
李 峰	信阳职业技术学院	严鹏霄	无锡卫生高等职业技术学校
李 召	武威卫生学校	阳 晓	永州职业技术学院
李惠兰	贵阳护理职业学院	杨明武	安康职业技术学院
李胜利	沧州医学高等专科学校	杨如虹	大连大学医学院
李新春	开封市卫生学校	苑 迅	大连大学医学院
梁爱华	吕梁市卫生学校	张瑞兰	沧州医学高等专科学校
刘海波	潍坊卫生学校	张少云	廊坊市卫生学校
刘宗生	井冈山大学医学院	张新平	柳州市卫生学校
马小允	沧州医学高等专科学校	钟一萍	贵阳护理职业学院
马占林	大同市第二卫生学校	周进祝	上海职工医学院
孟章书	聊城职业技术学院	周梅芳	无锡卫生高等职业技术学校
潘传中	达州职业技术学院	周亚林	无锡卫生高等职业技术学校
齐贵胜	聊城职业技术学院	朱建宁	山西医科大学晋中学院
慕旭良	聊城职业技术学院		

第二版前言

医学遗传学是医学与遗传学相结合的一门学科,是五年制高职医学相关专业一门重要的基础课程。本教材是"教育部职业教育与成人教育司推荐教材、全国卫生职业院校规划教材"之一。

本教材的修订,贯彻了"以服务为宗旨、以就业为导向"的职业教育理念,根据医学相关专业培养高素质技能型专门人才的培养目标和岗位需求,按照科学出版社的修改原则,突出了"贴近学生、贴近社会、贴近岗位"的思路,教材内容不仅具有科学性、系统性,更具有实用性和创新性。

本教材对第一版进行了较大幅度的修订。首先,重新修订了教学基本要求,条理更加清楚,结构更加合理;其次,对部分章、节的内容进行了适当的调整、补充与完善,例如,对原"第1章绪论"进行了充实,将原"第2章遗传的细胞学基础"改为了第3章,"第3章遗传的分子基础"改为了第2章,将第2章的"第2节染色体核型",调到了第5章的"第3节染色体与染色体病"一节中;把医学遗传学研究的最新进展及时引入教材,补充了插图;将课后的目标检测附上了参考答案;非正文改进了"链接"、增加了"案例"等。使学生在学习本课程的过程中,不仅能对遗传学的基本知识、基本理论有整体的认识,而且更加注重学生应用医学遗传学基本知识解决实际问题能力的培养,既促进了学生职业能力的发展,又为学生今后学习专业课程打下了坚实的遗传学基础。

本教材的修订是在全国卫生职业教学新模式研究课题组的指导下、在科学出版社领导的帮助下进行的,得到了聊城职业技术学院、临汾职业技术学院、嘉应学院医学院、酒泉卫生学校、四川省卫生学校、山西医科大学晋中学院、大连铁路卫生学校、咸宁卫生学校和湛江卫生学校等单位的大力支持,在此表示衷心的感谢!

本教材的编写参考了一些作者的相关书籍,全书后附有参考文献,特向这些作者致谢!

由于编者水平有限,加之现代医学与现代遗传学发展迅猛,本教材难免有不足之处,恳请广大师生批评指正。

编 者
2007年7月

第一版前言

目前我国各级各类学校不同程度地开展了学分制和模块化课程改革,在这个改革大潮中,中等职业学校和职业技术学院也不例外,为我国实施教育教学制度改革与创新打下了坚实的基础。本教材结合模块化课程的改革思路及各位编者的多年教学经验编写而成。

本教材供高职五年制护理及相关医学专业共同使用,也可供教师作参考书使用。教材内容分为三个模块:基础模块、实践模块和选学模块。基础模块和实践模块是必修内容,是最基本的标准和各专业的共同要求。选学模块的内容由任课教师根据学生的实际情况选择性教学,或各学校依据教学任务的实际情况选择性使用。

全书的主要内容包括遗传的细胞学基础、遗传的分子基础、遗传的基本规律、遗传病及人类性状的遗传方式、遗传病的诊断与防治、遗传与优生以及遗传与环境。在教学过程中可依据学生的情况调整教学内容的先后顺序进行教学。为了更贴近学生,教材采用正文和非正文系统的编写方案,并结合具体内容设计了"链接"。对文中的非正文、"链接"内容,教师可根据学生的具体情况和教学的总体安排合理选择使用。

本教材与同系列的其他教材一样,是全国卫生职业教学新模式研究课题组和面向21世纪全国卫生职业教育系列教改教材课程建设委员会成员学校的教师们共同努力的成果。各参编教师的学校均在实施模块化课程改革和教育教学制度创新研究。所有编者在编写过程中均力求贯彻科学性原则、适用性原则、实用性原则和创新性原则,对基础知识的内容安排遵循"必需"、"够用"的原则。本教材的特点为:图文并茂,新颖,实用,适用,易学,易懂。

全书的每个章(节)均列出了学习目标,既有利于学生明确学习目标,也有利于学生自主学习。为了检测学生的学习情况,在每个章(节)的后面还列出了必要的目标检测,便于学生及时检测掌握知识的情况,亦可供教师参考。

书后附有实验指导、教学基本要求及学时分配建议,任课教师可根据各学校及不同的专业要求灵活安排教学,建议学时36学时。

本教材的编写是在全国卫生职业教学新模式研究课题组指导下开展的,编写过程中得到了山东省青岛市卫生学校、山东省聊城职业技术学院、四川省达州职业技术学院、广西柳州市卫生学校及四川省卫生学校的大力支持,在此表示感谢。

由于编者的水平有限,编写时间仓促,本教材中会有欠缺之处,恳请广大师生批评指正。

编 者
2003年5月

目 录

第二版前言
第一版前言
第1章 绪论 (1)
 第1节 医学遗传学概述 (1)
 第2节 人类遗传病概述 (2)
 第3节 学习、研究医学遗传学的重要意义 (6)
第2章 遗传的分子基础 (8)
 第1节 遗传物质的结构与功能 (8)
 第2节 基因 (11)
第3章 遗传的细胞学基础 (19)
 第1节 细胞的基本结构及功能 (19)
 第2节 人类染色体 (24)
 第3节 有丝分裂 (26)
 第4节 减数分裂与配子发生 (29)
第4章 遗传的基本规律 (32)
 第1节 分离规律 (32)
 第2节 自由组合规律 (35)
 第3节 连锁与互换规律 (37)
第5章 人类性状的遗传方式与遗传病 (41)
 第1节 单基因遗传与单基因遗传病 (41)
 第2节 多基因遗传与多基因遗传病 (49)
 第3节 染色体与染色体病 (53)
 第4节 先天性代谢缺陷与分子病 (64)
第6章 遗传病的诊断与防治 (67)
 第1节 遗传病的诊断 (67)
 第2节 遗传病的预防 (70)
 第3节 遗传病的治疗 (73)
第7章 遗传咨询与优生 (77)
 第1节 遗传咨询 (77)
 第2节 优生学 (79)
第8章 遗传与环境 (84)
 第1节 环境污染与环境保护 (84)
 第2节 遗传与环境的关系 (88)
医学遗传学基础实验 (92)
 实验一 显微镜的结构和使用 (92)
 实验二 细胞的有丝分裂 (94)
 实验三 减数分裂 (95)
 实验四 X染色质的标本制作与观察 (97)

实验五　人类染色体观察与核型分析 …………………………………………………（99）
　　实验六　遗传病调查与系谱分析——参观儿童福利院 ………………………………（101）
主要参考文献 ……………………………………………………………………………（103）
《医学遗传学基础》(五年制)教学基本要求 …………………………………………（104）
目标检测选择题参考答案 ………………………………………………………………（107）

第1章 绪 论

学习目标

1. 说出遗传学、医学遗传学、遗传病的概念
2. 简述遗传病的特征及其对人类个体健康、家庭和社会的危害
3. 叙述人类遗传病的分类及其遗传特点
4. 谈谈学习医学遗传学的意义

第1节 医学遗传学概述

某地村民为改善生活,开矿采石,购买各种化学试剂提炼稀有贵重金属。由于生产工艺落后,化学废液随处流淌,渗入农田、流入溪流。不久,在溪流旁居住的一家老少4人,先后出现头痛、恶心、面色苍白、肢体酸痛、厌食消瘦、嗜睡、脱发等相同病症。随后,同样的病症和病人,又在采矿区附近居住的其他家庭陆续出现,令村民们震惊。

同时,村里还有一件稀奇古怪的事情,一直使村民们百思不得其解。在远离采矿区的一户农家,多代人中,每出生一代,都会出现长6个手指(或脚趾)的子女。老奶奶以为妖魔附体,用刀割掉儿子多余赘指(趾),可是儿子长大成家后,老奶奶却惊讶地又看到了长有6个手指(或脚趾)的孙子女出生。

同学们,你们是怎样看待村庄里发生的这两件怪事的?你们想明白这些怪事发生的原因吗?那么,就请你带着疑问、怀着好奇来学习医学遗传学这门有趣的课程吧。

一、医学遗传学的概念

什么是医学遗传学?让我们从大家熟悉的遗传与变异现象说起。

俗话说"种瓜得瓜,种豆得豆","一母生九子,九子各不同",这些谚语反映了人们对遗传、变异现象的初步认识。遗传(heredity)指子代与亲代相似的现象;变异(variation)指子代与亲代之间以及子代各个体之间存在差异的现象。遗传使生物保持物种的相对稳定,变异使物种得以进化,遗传与变异现象在生物界普遍存在,是生命活动最本质的特征之一。如果没有了遗传现象,变异就无法表现;如果没有了变异现象,遗传也只能简单的重复,生物也谈不上进化发展。在地球生物圈内,正是因为每时每刻都在发生着这种奇特美妙的遗传变异现象,才会繁衍生长出多姿多彩的植物、活泼可爱的动物、简单低等的细菌、病毒和复杂高等的人类。

遗传学(genetics)是研究生物的遗传与变异现象及其规律的科学。专门研究人类遗传与变异现象及规律的学科,称为人类遗传学(human genetics)。人类遗传学中有一门重要的分支学科——医学遗传学。

> **现代医学遗传学的分支学科与发展方向简介**
>
> 医学遗传学不仅与生物学、生物化学、微生物学、免疫学、病理学及药理学等医学基础学科密切相关,而且随着这些学科研究技术的飞速发展,大大推动了医学遗传学的研究,形成了许多分支学科,如细胞遗传学、生化遗传学、分子遗传学、药物遗传学、毒理遗传学、免疫遗传学、肿瘤遗传学、体细胞遗传学、辐射遗传学、发育遗传学、行为遗传学、临床遗传学等。
>
> 近年来,发展迅速的分子遗传学是生化遗传学的发展和继续,使人们从分子水平认识生物的遗传和变异。利用分子遗传学的研究成果来研究遗传病,开辟了在基因水平诊断和治疗遗传病的前景,形成了医学分子遗传学。

医学遗传学(medical genetics)是研究人类疾病与遗传关系的科学,主要任务是研究遗传病的发病机理、传递规律、诊断、治疗和预防,从而为改善人类健康素质作出贡献。医学遗传学是医学与遗传学相结合的一门重要的

医学基础科学,是遗传学知识在医学中的应用,是现代医学的一个新领域。

二、医学遗传学在现代医学中的作用

医学遗传学自20世纪50年代以来有了迅速发展,特别是近年来,医学遗传学在临床遗传病研究、优生研究及卫生保健研究等方面发挥了重要作用。

(一) 在临床遗传病研究中的作用

随着医学科学的发展,人类现有疾病的组成已有很大变化。20世纪50年代,一些严重危害人类健康、生存的传染病和感染性疾病已基本得到控制而明显减少。遗传病对人类健康威胁的严重性正在被世人所关注。目前,遗传病已成为影响人口素质的重要病种。如果将单基因病、多基因病和染色体病汇总估计,人群中有20%~25%的人受其所累。因此,在临床医学研究工作中,遗传病的研究和防治任务十分艰巨。

(二) 在优生研究工作中的作用

我国的基本国策是实行计划生育,晚婚晚育,少生优生,提倡一对夫妇只生育一个孩子。应用医学遗传学的理论知识和技术来指导人民群众的生育,可以减少遗传病对人们的危害,提高人口素质,达到优生的目的。

(三) 在卫生保健研究工作中的作用

卫生保健工作是从人体健康的概念出发,对个体和集体采取预防与保健相结合的综合措施,通过提高环境和生活质量,控制影响人体健康的各种因素,以达到保护健康、促进健康、预防疾病、延长寿命的目的。要做好卫生保健方面的工作,必须要掌握一定的医学遗传学基础理论知识。

> **医学遗传学的研究方法**
>
> 医学遗传学涉及细胞学、生物化学、免疫学、生物统计学等学科的研究方法和技术。主要方法有:系谱分析、群体筛选法、家系调查、双生子法、种族差异比较、疾病组分分析、伴随性状研究、染色体分析法、动物模型、离体细胞研究等。

第2节 人类遗传病概述

一、遗传病的概念及其特征

(一) 遗传病的概念

遗传病(inherited disease, genetic disease)指生殖细胞或受精卵的遗传物质在数量、结构和功能上发生改变所引起的疾病。遗传病通常具有垂直性、先天性、终身性和家族性等特征。

遗传物质在分子水平上是基因;在细胞水平上是染色体。基因异常称基因突变;染色体异常称染色体畸变。因此,遗传病又可定义为:是由基因突变或染色体畸变引起的疾病。

> **染色体、DNA和基因三者之间的关系是什么?**
>
> 染色体是由DNA和蛋白质组成的;DNA是主要的遗传物质;基因是有遗传效应的DNA片段,是控制生物性状的遗传物质的结构和功能单位。因此,基因在染色体上呈直线排列,染色体是基因的载体(图1-1)。

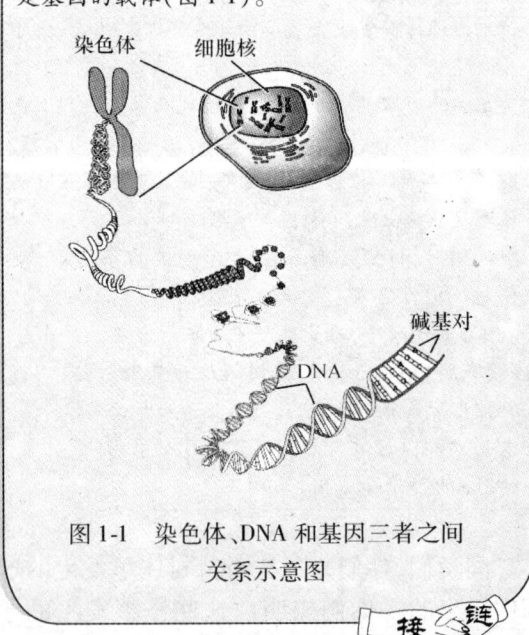

图1-1 染色体、DNA和基因三者之间关系示意图

(二) 遗传病的特征

1. 垂直性 遗传病的垂直性指遗传病由亲代向子代传递的现象,所传递的不是疾病本身,而是已经发生突变而能引起疾病的遗传物质。但并不是在每个遗传病家系中都能看到

垂直现象,因为患者可能是首次变异病例,即家系中的第一例;隐性遗传病致病基因虽然垂直传递,但携带者表型正常,会表现隔代传递现象;染色体病患者,由于不育或生育前死亡,垂直传递现象就无法表现。

2. 先天性 遗传病的先天性指由于遗传物质异常使胎儿出生前就已形成疾病。如:多指、并指、白化病及先天愚型等。但是,必须明确指出,由于环境因素或母体条件的影响,造成胎儿形态或功能的改变,从而引起的疾病具有先天性,但不是遗传病。

3. 家族性 遗传病的家族性指某种疾病在患者家族中的发病率比群体中的平均发病率高。例如:视网膜母细胞瘤、家族性结肠息肉等遗传病都表现为家族性。但是,必须明确指出,由于生活条件相似等因素所引起的疾病也可表现为家族性,例如:结核和肝炎有可能累及数名家族成员,但这是传染病而不是遗传病。

4. 终生性 遗传病的终生性指遗传病至今还无法根治,基本上"一病定终身"。因为遗传病的根本病因在于遗传物质的缺陷,而至今尚无纠正有缺陷的致病基因或染色体的有效办法。但随着"遗传工程"技术的发展,根治遗传病不再是可望而不可及的幻想。

5. 延迟性 遗传病的延迟性指某些遗传病在个体出生时未表现出相应的症状,当发育到一定年龄才表现出来。例如:遗传性慢性进行性舞蹈病多在40岁以后才发病;遗传性小脑性运动失调症一般在35~40岁才发病;痛风是多基因遗传病,大多在35~50岁发病。

二、遗传病与一些疾病的关系

(一) 先天性疾病

先天性疾病(congenital disease)指出生前就已经形成的疾病。如果某种疾病是由遗传物质所决定的,致病基因或染色体变异在胎儿出生前就已经表达,那么这种先天性疾病就是遗传病。但是,如果由于环境因素的影响造成胎儿形态或机能的改变,从而引起的疾病就不是遗传病。因此,遗传病通常具有先天性,但先天性疾病不一定都是遗传病。

(二) 家族性疾病

家族性疾病(familial disease)指表现出家族聚集现象的疾病。遗传病可表现出家族聚集现象,这是由于家族成员从共同的祖先继承了相同的致病基因。但是如果同一家族的不同成员,由于食物中缺碘而导致的甲状腺肿、缺乏维生素C而导致的坏血病等,这就不是遗传病。因此,遗传病通常具有家族性,但家族性疾病不一定都是遗传病。

(三) 后天性疾病

后天性疾病(acquired diseases)指出生后形成的疾病。在后天发育过程中形成或表现出来的疾病也不能排除是遗传病。因为有些致病基因的作用,必须在个体发育到一定年龄时才表现出来。例如:先天性肌紧张症,一般从青春期以后,在寒风因素的刺激下才诱发,虽然在后天才表现出来,但也是遗传病。因此,某些后天性疾病也是遗传病。

(四) 散发性疾病

散发性疾病(sporadic diseases)指一个家系中可能仅有一个病人。遗传病通常具有家族性,但也有可能表现为散发性。如:苯丙酮尿症,因其致病基因频率低,又是常染色体隐性遗传病,只有夫妇双方均带有一个致病基因时,子女才会得病,因此多为散发,特别是在只有一个子女的家庭,出现散发性的遗传病患者,就不足为奇了。因此,散发性疾病不一定不是遗传病。

(五) 先天畸形

先天畸形(congenital anormaly)指出生时即存在形态或结构上的异常,也称为出生缺陷。有单发畸形(如唇裂、多指等)和多发畸形之分。许多种多发畸形是在某一原因作用下通过特异的组合而发生的,成为畸形综合征。目前已经识别诊断的畸形综合征已达250余种。如果畸形是由遗传物质所决定的,那么这种先天畸形就是遗传病,如果是由于环境致畸因素作用于母体发育中的胚胎,使胎儿某些器官发生异常而导致的,就不是遗传病。因此,先天畸形不一定不是遗传病。

> **"反应停"事件**
>
> 沙利度胺(反应停)又名酞胺哌啶酮。1962年,联邦德国(西德)曾发生大批新生儿无肢或短肢畸形。据分析,是孕妇服用了当时新合成的药物——沙利度胺,本药物在当时广泛用于治疗妊娠呕吐,结果引起大量残肢畸形儿的出生,酿成了所谓"反应停"事件。事件后,药物致畸作用引起了人们的普遍重视,并对药物进行了严格的致畸检测。当政府禁止生产和出售该药后,该类畸形很快消失。

三、遗传病的分类

20世纪90年代,根据医学遗传学的新发展,人们提出遗传病包括单基因病、多基因病、染色体病、体细胞遗传病和线粒体遗传病5大类。

(一) 单基因病

单基因病(monogenic disease)是单基因遗传病的简称,指受一对等位基因控制的疾病,遵循孟德尔遗传规律。特点是病种极多,已接近7000种,在人群中的发病率较低。

(二) 多基因病

多基因病(polygenic disease)是由两对或两对以上基因与环境因素共同作用引发的遗传病,也称为多因子遗传病(MF)。特点是病因涉及多个基因和多种环境因素,症状比较复杂,临床比较多见,发病率较高。如:高血压病、高脂血症、糖尿病、精神分裂症等。

(三) 染色体病

染色体病(chromosomal disease)是由于染色体数目或结构畸变所导致的疾病。染色体病往往具有多种临床表现,故又称为染色体畸变综合征,通常可分为常染色体病和性染色体病两大类。迄今,已确定的染色体病超过100种。

(四) 线粒体遗传病

线粒体遗传病(mitochondrial genetic disease)是因线粒体基因突变引发的遗传病。由于精子与卵子受精形成受精卵时,只有极其少量精子细胞质参与其中,所以,线粒体突变基因在大多数情况下是由卵细胞传递给后代,表现为母系遗传方式。

(五) 体细胞遗传病

体细胞遗传病(somatic cell genetic disease)是由于体细胞中遗传物质改变所致的疾病,一般不向后代传递。肿瘤的发病涉及特定组织染色体、癌基因或抑癌基因的变化,属于体细胞遗传病。在肿瘤中,有些是按照孟德尔方式遗传的,有些是遗传因素和环境因素共同作用的影响,还有一些是体细胞突变引起的。有些先天畸形也属于体细胞遗传病。

> **现代分子遗传学发展历程回顾**
>
> 1944年,Avery用肺炎球菌转化实验证明遗传物质是DNA。
>
> 1953年,Watson和Crick发现了DNA分子双螺旋结构。
>
> 1958年,Crick最初提出了遗传信息的传递和表达的中心法则。
>
> 1961年后,Jacob和Monab提出了操纵子调控模型。
>
> 1966年,Nirenberg和Khorana等人破译了全部遗传密码。
>
> 1970年,Baltimore和Ternin发现了反转录酶,完善了中心法则的范围。
>
> 20世纪60年代至70年代发现了限制性内切酶。
>
> 20世纪80年代聚合酶链反应(PCR)技术的建立,使人类遗传病的研究跨入了新的阶段。
>
> 1990年,由美国、英国、法国、日本、德国和中国等六国正式启动"人类基因组计划",被誉为"生物学的阿波罗登月计划"。
>
> 2006年5月18日,人类基因组计划完成。

四、遗传病对人类的危害

随着医学的发展,人类对急性传染病、流行病已能有效控制,而遗传病对人类的危害变得愈来愈明显,遗传病对人类的危害主要表现在以下几方面。

(一) 发育畸形

发育畸形即出生缺陷,遗传病患儿在出生时,机体就有形态结构异常、功能行为异常等先天性缺陷,最常见的有唇裂、脑积水、无脑畸形、开放性脊柱裂、先天性心脏病等。统计显示:我国每年约有30万～40万新生儿患有严重的先天畸形,其中70%～80%是由于遗传因素造成的。

(二) 智力低下

调查显示:我国0～14岁儿童中,智力低下的总发生率约为1.2%,其中,轻度约占70%,中度约占20%,重度约占7%,极重度约占2%～3%。在众多导致智力低下的因素中,因遗传性疾病造成智力低下的达40.5%。

(三) 不育流产

据统计,在已婚夫妇中约有10%因染色体异常导致原发性不育。人群中自然流产现象占总妊娠数的15%,其中约50%因染色体异常所致,即总妊娠的7%～8%是因染色体异常引起的自然流产或死胎。

(四) 婴儿死亡

1976年,我国进行了儿童死亡原因调查,位居首位的是遗传病,其次是先天畸形和急性肿瘤。1989年,我国进行新生儿普查,先天畸形为1岁以内幼儿的主要死因。1914年,英国儿童死亡原因调查显示,非遗传性疾病占83.5%、遗传性疾病占16.5%,但到20世纪70年代后期,遗传性疾病致死已达50%。

(五) 病种激增

统计人群中已知单基因遗传病及异常性状,1958年仅有412种;1990年,增至4937种;到1994年,已激增到6678种。染色体畸变综合征100余种;异常核型近10000种;多基因病估计在100种以上。

(六) 风险增高

人类群体患病率估计显示:患某种遗传病的占20%～25%,其中染色体病约占1%、单基因遗传病占3%～5%,多基因遗传病占15%～20%。此外,严重危害人类健康的常见病,如恶性肿瘤、动脉粥样硬化、冠心病、高血压、糖尿病、精神分裂症等,已证实与遗传因素有关。

(七) 潜在危险

在正常人群中,平均每个人携带约5～6个隐性有害致病基因,成为某种致病基因的携带者,通过生殖可将致病基因传递给后代,这些有害致病基因一旦纯合,便可引发遗传病,成为后代人群中遗传病发病的潜在威胁。

五、人类遗传病的发病原因

(一) 遗传因素与环境因素对遗传病发生的影响

人类遗传病都是遗传因素(内因)与环境因素(外因)相互作用的结果,表现为三种情况。

1. 遗传因素决定疾病的发生、发展,与环境因素基本无关 如白化病、血友病、先天性聋哑、染色体病等。

2. 由遗传因素决定,但需要环境中一定诱发因素的存在才发病 如蚕豆病患者是吃了蚕豆或吸入蚕豆的花粉后诱发溶血性贫血。

3. 遗传因素和环境因素对发病都有作用,作用的大小视病的种类而有差异 有些遗传病的发生中遗传因素的作用较为重要,如唇裂、腭裂、支气管哮喘等;有些遗传病的发生中遗传因素作用较小,而环境因素的作用是主要的,如先天性心脏病、十二指肠溃疡等。

(二) 引起遗传病的环境因素

由于自然环境中各种物理、化学及生物等影响因素的变化,可在不同程度上引起遗传物质的改变,如人类单基因遗传病,大多是自发突变的结果。

1. 物理因素 如α射线、β射线、γ射线、X射线等电离射线及紫外线等非电离射线。

2. 化学因素 在人类生存环境中,有许多化学物质,可诱发基因突变。如腌制食品中的亚硝酸盐、霉变食品中的黄曲霉毒素、烟熏食品中的苯丙芘;某些临床药物,如氮芥、氯丙嗪、甲丙氨酯(眠尔通)、咖啡因等;农业生产中大量使用的杀虫剂、除草剂、植物生长调节剂等。

3. 生物因素 在各种生物影响因素中，病毒对诱发基因突变的影响最强。如：麻疹病毒、风疹病毒、流感病毒、腺病毒等的感染均可引致基因突变。

总之，人类所表现出的性状和大多数疾病都是遗传因素和环境因素相互作用的结果，遗传因素是这些疾病产生的内因，环境因素是诱发这些疾病的外因。

你知道食品中的三大致癌物吗？

黄曲霉素：主要存在于霉变的玉米、花生和大米中，是一种毒性很强的致癌物。

苯丙芘：主要存在于烟熏、火烤的食物中，如熏鱼、熏肉、烤羊肉串、烤火腿肠中。

亚硝胺：主要存在于咸鱼、咸肉、酸菜、泡菜和腐烂变质的蔬菜里。

第3节 学习、研究医学遗传学的重要意义

一、为学习医学专业课打基础

遗传病种类多，涉及面广，在临床内、外、妇、儿等各科的疾病中都有遗传病。医学遗传学课程是医学教育中不可缺少的重要医学基础课程之一，只有通过系统地学习，才能较全面地认识遗传病，掌握各种遗传病的传递规律、发病机制、诊断原则、防治措施等理论知识和实践技能，为学习、理解医学专业课中的遗传问题奠定基础。

二、做好优生优育的指导

实行计划生育，控制人口数量，提高人口素质是我国的基本国策。通过优生、优育提高人类自身遗传素质和后代健康水平，已为世界各国所关注，也是医学遗传学的核心工作任务之一。学习医学遗传学，应用医学遗传学的技术和方法指导人类生育，可以降低和控制遗传病的发病率及其危害，促进人类社会生存与健康的可持续发展。

三、强化卫生保健知识

随着人类对遗传病认识的不断深入，各种新方法、新技术的广泛应用，一些严重危害人类健康的常见病、多发病、某些不明原因的疾病，或确诊为遗传病、或表明与遗传和环境因素有关。因此，学习医学遗传学的基本知识和基本理论，做好卫生保健宣传教育，对预防遗传病的发生和病情的控制至关重要。

四、保护环境、预防遗传病

人类健康决定于遗传物质与其生活环境相互作用的平衡。随着对疾病病因、发病机制的深入研究，人类将从遗传与环境两个方面提出遗传病的防治对策。因此，学习医学遗传学，对于增强环保意识、积极保护和改善生存环境、有效预防各种遗传病的发生具有重要的作用。

五、培养职业能力

同学们是未来的医务工作者，学习医学遗传学，不仅有利于掌握好专业与职业的理论学习与实践技能的科学方法，养成良好的职业学习态度、专业思维习惯和基本职业素质；更有利于培养职业实践技能，包括对人类遗传病家谱调查分析的能力、从事遗传咨询的能力、优生优育指导能力、宣传教育的能力和继续学习与持续发展的能力等。

最后，衷心希望同学们，通过医学遗传学课程和自己所选择的医学相关专业知识的学习和技能的锻炼，努力把自己培养成为一名能够胜任卫生职业岗位需求的高素质的应用型人才，为改善人类的健康素质作出自己的贡献。

医学遗传学是研究人类疾病与遗传关系的科学，主要任务是研究遗传病的发病机制、传递规律、诊断、治疗和预防，从而对改善人类健康素质作出贡献。

遗传病是生殖细胞或受精卵的遗传物质在数量、结构和功能上发生改变所引起的疾病。遗传病通常具有垂直性、先天性、终身性和家族性等特征。

医学遗传学课程是医学教育中不可缺少的重要医学基础课程之一，医务工作者必须掌握有关知识和技能，为改善人类的健康素质作出自己的贡献。

小 结

目标检测

一、名词解释
1. 遗传 2. 变异 3. 医学遗传学 4. 遗传病
5. 家族性疾病

二、填空题
1. _____是指子代与亲代相似的现象。变异是指子代与亲代之间以及子代_____之间存在差异的现象。遗传使生物能保持_____的相对稳定,变异使物种得以_____,遗传与变异现象在生物界普遍存在,是生命活动的最本质特征之一。
2. 医学遗传学是医学与_____相结合的一门边缘科学,研究人类疾病与遗传的关系,主要研究遗传病的_____、_____、诊断、治疗和预防等,对于降低人群中遗传病的发生率,提高人类健康素质具有重要意义。
3. 遗传病是指_____或_____的遗传物质在数量、结构和功能上发生改变所引起的疾病。遗传病通常具有_____、_____、_____和_____等特征。
4. 引起遗传病的环境因素主要有_____、_____和_____。
5. 遗传病分为_____病、_____病、_____病、_____遗传病和_____遗传病等5大类。

三、简答题
1. 简单分析一个遗传病病例,谈谈你对遗传性疾病危害的初步认识和了解。
2. 试举一例家族性疾病病例,说说你是怎样认识环境与人类健康的相互影响的。
3. 当你进入社区,开展社区卫生服务实践工作,进行疾病调查咨询、卫生保健宣传教育时,你该怎样初步、简单地判断和区分遗传性疾病、家族性疾病、先天性疾病和先天畸形(或出生缺陷)等4种类型的疾病?

第2章 遗传的分子基础

学习目标

1. 说出基因、转录、翻译、中心法则的概念
2. 描述 DNA 与 RNA 分子的化学组成、结构、功能及其异同
3. 叙述基因的基本功能、基因突变的含义、特征及种类
4. 描述人类基因组计划的相关内容

人体拥有大约 3 万~4 万个基因，这些基因通过相互间的作用控制着机体的形态结构和功能，而个体间微小的基因差别又决定了人类性状表现的千差万别。当精子和卵结合形成受精卵时，个体的生命旅程就开始了，精子和卵分别携带着来自于父母家族的遗传信息，把亲代的性状代代传递……基因究竟是什么？基因如何控制机体的结构和功能？基因为什么有时会出现偏差？基因出现偏差的后果又会怎样？就让我们从学习、研究 DNA 入手来了解基因的本质吧。

第1节 遗传物质的结构与功能

核酸（nucleic acid）是细胞内重要的遗传物质，是生物遗传信息的载体，控制着蛋白质的生物合成，对生物的生长发育、繁殖、遗传和变异等各种生命活动起着主导作用。地球上所有的生物都含有核酸。

一、核酸的组成

核酸是由数十个至数百万个核苷酸聚合而成的复杂化合物。核苷酸是组成核酸的基本单位（图 2-1）。核苷酸由磷酸、戊糖和含氮碱基（简称碱基）组成。戊糖为五碳糖，有核糖和脱氧核糖两种。碱基包含嘌呤碱和嘧啶碱两类。嘌呤碱有腺嘌呤（A）、鸟嘌呤（G）两种；嘧啶碱有胞嘧啶（C）、尿嘧啶（U）和胸腺嘧啶（T）三种。戊糖与碱基构成的化合物称为核苷，核苷与磷酸构成的化合物称为核苷酸。

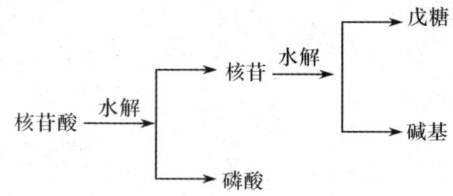

图 2-1 核苷酸的分子组成

生物体内的核酸可以分为两大类：核糖核酸（ribonucleic acid，RNA）和脱氧核糖核酸（deoxyribonucleic acid，DNA）。除 RNA 病毒外，其他生物的遗传物质都是 DNA。

RNA 与 DNA 在分子组成上的主要区别有两点：一是所含的戊糖不同，RNA 含有核糖，DNA 含有脱氧核糖；二是所含的嘧啶碱不同，RNA 中含有尿嘧啶，DNA 中含有胸腺嘧啶。因此，它们分子组成的基本单位——核苷酸也有所不同。组成 RNA 的核苷酸有腺苷酸（AMP）、鸟苷酸（GMP）、胞苷酸（CMP）和尿苷酸（UMP）四种；组成 DNA 的核苷酸有脱氧腺苷酸（dAMP）、脱氧鸟苷酸（dGMP）、脱氧胞苷酸（dCMP）和脱氧胸苷酸（dTMP）四种（表 2-1）。

表 2-1 DNA 与 RNA 的区别

类别	戊糖	碱基	核苷酸的种类	结构	分布
DNA	脱氧核糖	A、G、C、T	dAMP、dGMP、dCMP、dTMP	双链	主要存在于细胞核中
RNA	核糖	A、G、C、U	AMP、GMP、CMP、UMP	单链	主要存在于细胞质中

二、DNA 的结构与功能

(一) DNA 的双螺旋结构

DNA 分子是由两条脱氧核苷酸长链反向平行盘绕成的双螺旋结构。1953 年，美国科学家沃森（Watson）和英国科学家克里克（Crick）共同提出了 DNA 双链螺旋结构模型（图 2-2、图 2-3），其要点如下：

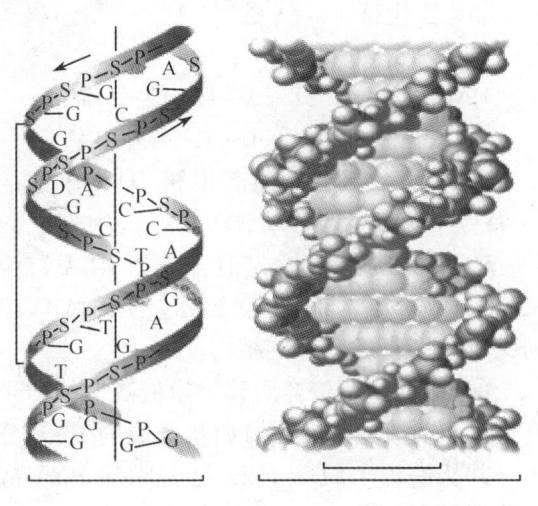

图 2-2　DNA 的双螺旋结构示意图

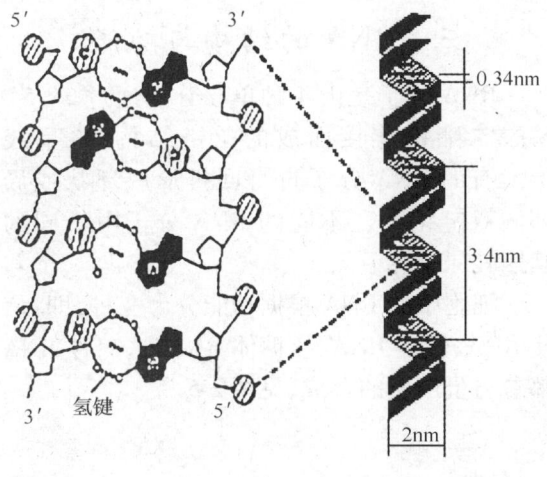

图 2-3　DNA 的分子结构及碱基配对示意图

1. DNA 由两条反向平行的脱氧核苷酸单链组成　一条链为 $3'\rightarrow 5'$ 方向，另一条链为 $5'\rightarrow 3'$ 方向。

2. 两条脱氧核苷酸链之间的碱基严格遵守碱基互补原则　即 DNA 两条链之间的碱基通过氢键有规律的互补配对，其中 A 与 T 之间形成两个氢键（A=T、T=A），C 与 G 之间形成三个氢键（C≡G、G≡C）。由此两条脱氧核苷酸链成为互补链。

3. 两条脱氧核苷酸链围绕一个中心轴盘旋成双螺旋结构（多为右旋）　脱氧核糖和磷酸排列在两条链的外侧，构成 DNA 分子的基本骨架；碱基位于两条链的内侧，四种碱基的排列顺序在不同的 DNA 中各不相同，储存着个体差异的遗传信息。

> **DNA 亲子鉴定**
>
> 按照孟德尔的分离规律，精子与卵结合成受精卵形成子代后，孩子的基因组一半来自母亲，一半来自父亲。大多数情况下，母子关系是已知的，要求鉴定的是假设父和孩子是否为亲生关系。此时，首先通过母、子基因型的对比，确定孩子的基因中可能来自父亲的基因，然后测定假设父的基因型，如果孩子不具有生父基因，则可排除假设父与孩子的亲生关系。若假设父也具有生父基因，就不能排除假设父与孩子的亲生关系。一般来说，DNA 亲子鉴定的准确率达 99% 以上。

(二) DNA 的功能

1. 蕴藏遗传信息　遗传信息（genetic information）指 DNA 中的碱基排列顺序。DNA 链很长，所包含的碱基数目很多（几千至几百万个），组成 DNA 分子的碱基虽然只有 4 种，而且这 4 种碱基只有两种配对方式（即 A 与 T 配对，C 与 G 配对），但四种碱基可重复排列，所以碱基的排列顺序千变万化，可以形成多种贮存不同遗传信息的 DNA 分子。例如：一条具有 1000 个碱基对的 DNA 片段，其碱基对的排列方式就有 4^{1000} 种。这种千变万化的碱基排列顺序体现了 DNA 的多样性；而特定的碱基排列顺序则决定了 DNA 分子的特异性，从而也决定了生物的遗传性和多样性。

2. 进行自我复制　自我复制（self-replication）指以 DNA 的两条链为模板，互补合成子代 DNA 的过程。DNA 复制发生在细胞周期的 S 期。主要步骤如下（图 2-4）：

（1）亲代 DNA 在解旋酶的作用下，从多个复制起始点解旋，双链之间的氢键断开，成为两股单链。

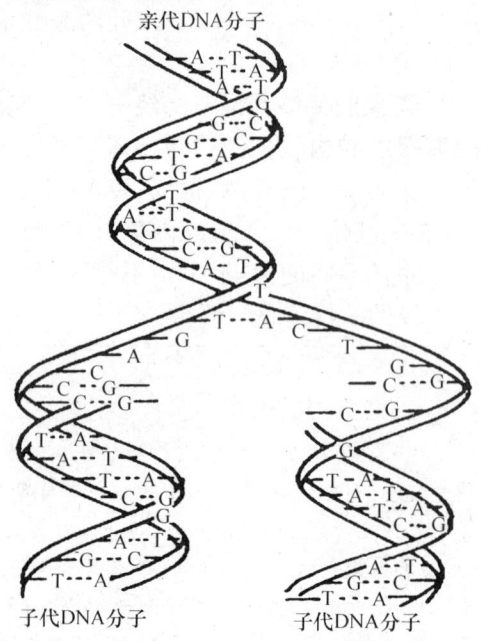

图2-4 DNA的半保留复制

(2) 以每股单链为模板,按照碱基互补原则,以游离于细胞核内的四种脱氧核苷酸为原料,在DNA聚合酶和连接酶的作用下,合成互补的DNA新链。

(3) 每条新合成的DNA单链与对应的模板链盘旋成稳定的双螺旋结构,形成一条携带完整遗传信息的子代DNA。

上述过程中,复制产生的DNA双链分子与原来的DNA核苷酸序列完全一样。每个子代DNA的双链中一条链来自亲代,另一条链则是新合成的,故称为半保留复制(semi-conservative replication)。研究证实,半保留复制是十分精确的,确保了遗传物质在世代相传中的稳定性。

3. 转录成RNA 转录(transcription)是指以DNA分子中的一条链为模板,按照碱基互补配对原则,在RNA聚合酶的作用下,互补合成RNA分子的过程。即遗传信息由DNA传递给RNA的过程。

(1) RNA聚合酶首先识别并结合到DNA分子的转录起始位点上,DNA分子双螺旋解旋。

(2) 以解旋的一条单链为模板,按碱基互补配对原则合成RNA分子。由于RNA分子中没有碱基T,而有碱基U,因此在合成RNA时,就以U代替T与A配对。

转录方式如下:
DNA3′……—A—T—A—G—C—……5′
RNA5′……—U—A—U—C—G—……3′

(3) RNA聚合酶沿着模板DNA单链的3′→5′方向移动,边移动,DNA分子边解旋,以5′→3′方向合成RNA,先前合成的RNA链像尾巴一样游离着,而已经转录过的DNA区段则又重新恢复成双螺旋结构。

(4) 当RNA聚合酶移至模板链上的转录终止位点时,RNA聚合酶和新合成的RNA分子一并从模板上脱落下来,这种刚从DNA链上游离下来的RNA称为前体RNA(hnRNA)。前体RNA要经过一系列的加工,才能形成成熟的RNA。

三、RNA的结构与功能

RNA分子是由4种单核苷酸通过3′,5′-磷酸二酯键连接而成的单链结构,多呈线形。有的RNA分子自身回折形成环状或局部假双链结构。不同的RNA分子由不同的基因转录而来。

细胞中的RNA根据功能分为三种,即:信使RNA、转运RNA、核糖体RNA,这三种RNA都参与蛋白质的合成,见图2-5。

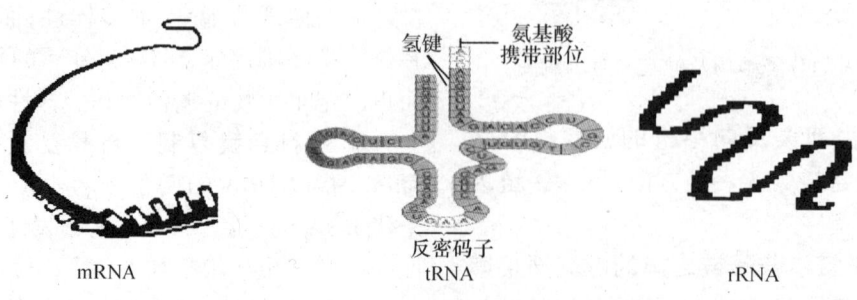

图2-5 RNA结构示意图

(一) 信使RNA

信使RNA(mRNA)分子呈伸展的线性,是蛋白质合成的模板。由于mRNA是由DNA分子转录而来,携带着来自DNA的遗传信息,然后再将遗传信息通过翻译传递给蛋白质,故称为信使RNA。

(二) 转运RNA

转运RNA(tRNA)分子呈"三叶草"形,局部形成假双链结构。tRNA的功能是将相应的活化氨基酸转运到核糖体上的特定部位,使之形成多肽链,故称为转运RNA。

(三) 核糖体RNA

核糖体RNA(rRNA)为单链结构,常呈螺旋形,是三种RNA中相对分子量最大的一种,是核糖体的重要组成成分,故称为核糖体RNA。核糖体是细胞中蛋白质合成的场所。

第2节 基 因

一、基因的概念

1866年,孟德尔(Mendel)在他的豌豆杂交实验中首次提出了"遗传因子"的概念,1909年,丹麦学者约翰逊(Johannsen)第一次提出"基因"这一术语,即孟德尔豌豆杂交实验中首次提出的"遗传因子"。1926年,摩尔根在著名的《基因论》中,证明了孟德尔发现的"遗传因子"(基因)位于染色体上,并呈线形排列。

随着分子生物学、生物化学等新技术在遗传学研究中的广泛应用,基因的概念得到不断的发展和完善。1944年,Avery等人用肺炎链球菌转化实验证明了DNA是生物遗传的物质基础;1953年,Watson和Crick提出了DNA分子的双螺旋结构模型,在分子水平上揭示了基因的本质,阐明了基因是具有遗传效应的DNA片段,是遗传物质结构和功能的基本单位,通过控制细胞蛋白质(包括酶)的合成,决定生物遗传性状的表现。

> **基因芯片技术**
>
> 基因芯片(又叫DNA芯片)是在指甲大小的硅胶晶片上面"种植"大量的基因,像一间浓缩的实验室,容纳上百万个人类的DNA片断,贮存巨大的遗传信息。它的工作效率可达到:一分钟取样,两分钟检测,三分钟出结果。因为只要在基因芯片上滴一滴血,血样与芯片上的基因"起反应",再把芯片与电脑连接就可快速显示被检测的结果。技术人员可使用基因芯片快速分析数十、数百、数千、数万个基因信息。基因芯片的用途十分广泛,如:遗传病的诊断、药物的开发、法医学的应用、环境监测、人类健康自测、农产品开发等。基因芯片技术被评为"1998年度世界十大科技进展之一"。

二、基因的结构

真核细胞的基因根据功能的不同,分为结构基因和调控基因(图2-6)。

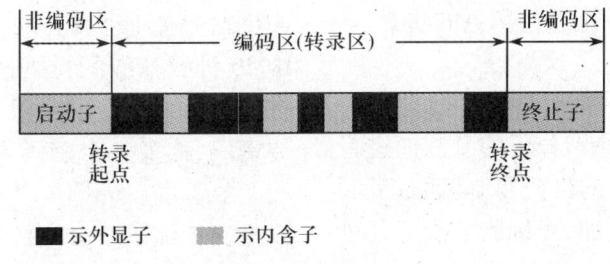

图2-6 真核细胞的基因结构示意图

(一) 结构基因

结构基因是决定蛋白质(包括酶)分子结构的基因。它们可编码多肽链的氨基酸种类和顺序,包括编码序列和非编码序列两部分,编码序列称为外显子,非编码序列称为内含子。在一个结构基因中,编码某一蛋白质不同区域的各个外显子不是连续排列在一起的,而是被长度不等的内含子分隔开来,形成镶嵌排列的断裂形式,因此,又称为断裂基因。

(二)调控基因

调控基因指可以调节控制结构基因表达的基因,通常在基因的两端,即第一个外显子和最末一个外显子外侧的一段非编码序列,又称为基因的侧翼序列。它们对于基因的有效表达必不可少,起调控作用,故而得名。调控基因包含前导区和尾部区。从功能上可以将调控基因分为启动子、增强子和终止子。

> **基因剔除**
>
> 人体大约有3万~4万个基因。要弄清一个基因在体内究竟发挥什么作用,最直接的方法是在被研究的动物(一般为小鼠)基因组中剔除这个基因,基因剔除成为目前研究基因整体功能的惟一方法。基因剔除技术的成功应用将有助于人们寻找不同基因与不同功能之间的联系,揭开多种疑难病症的秘密。

三、基因的功能

基因的基本功能包括三个方面:一是贮存遗传信息;二是能准确地自我复制;三是通过基因表达,控制细胞内蛋白质(包括酶)的合成,从而决定生物体的表型。

(一)贮存遗传信息

基因是有遗传效应的 DNA 片段,基因上的碱基序列就代表遗传信息,所以,贮存遗传信息是基因的基本功能。不同基因的碱基序列不同,贮存的遗传信息就不同,一对碱基发生变化即可引起基因的改变,引起遗传信息的改变。

(二)自我复制

基因的复制是随 DNA 分子的复制而进行的,基因复制就是 DNA 的自我复制,通过复制使遗传信息的量成倍增加,经细胞分裂将其平均分配给两个子代细胞。

(三)基因表达

基因表达是将贮存在基因中的遗传信息通过转录和翻译转变成蛋白质(包括酶)分子,从而决定生物性状的过程。1958 年,克里克(Crick)把遗传信息的这一传递过程称为中心法则。后来的研究发现,许多 RNA 病毒感染细胞后,它们的 RNA 在酶的作用下也可以进行复制;还有一些 RNA 病毒中含有反转录酶,能以自身的 RNA 为模板合成 DNA,这种以 RNA 为模板在反转录酶的作用下反向合成 DNA 的过程,称为反转录。这些发现补充和发展了经典的中心法则。补充后的中心法则如图 2-7 所示。

图 2-7 补充后的中心法则

1. 转录(transcription) 转录是以 DNA 为模板,在 RNA 聚合酶的作用下合成 RNA 的过程。真核细胞的转录是在细胞核中进行的。转录时,以 DNA 的一条链为模板,以碱基互补的方式合成一个 RNA 分子。

转录的意义在于,将 DNA 分子中储存的遗传信息(碱基顺序)传递到 RNA 分子中,变为 RNA 分子的碱基顺序,以便通过指导蛋白质的合成,实现基因的表达。

RNA 分为 mRNA、tRNA 和 rRNA,三种 RNA 均需转录后经过一系列的加工、修饰才能形成。

2. 翻译(translation) 翻译指以 mRNA 为模板合成具有一定氨基酸顺序的蛋白质的过程。翻译在细胞质中的核糖体上进行,翻译是一个很复杂的生物反应过程,需要 mRNA、tRNA、核糖体的协同作用来完成。

(1) mRNA 上有编码氨基酸的遗传密码:DNA 上的遗传信息转录并储存在 mRNA 中,mRNA 上有 4 种核苷酸,它是如何解决多肽链中 20 种氨基酸的排列问题的呢?实验证明:在 mRNA 中,每三个相邻的碱基作为一个遗传密码,称为一个密码子,每一个密码子决定一个氨基酸。mRNA 中的 4 种碱基,每三个可以重复地随机组合,共有 4^3 种组合形式,构成 64 种遗传密码。经科学家多次研究,于 1966 年确定了所有密码子和氨基酸的对应关系,编成了遗传密码表(表 2-2)。在 64 种密码子中,61 种密码子能编码 20 种氨基酸,其中 AUG 是多肽链合成的起始信号,在编码顺序中代表蛋氨酸。另外,UAA、UAG、UGA 三种密码子为终止密码,它们不代表任何氨基酸,在合成多肽链过程中为终止信号。

表 2-2 遗传密码表

第一个核苷酸(5'端)	第二个核苷酸				第三个核苷酸(3'端)
	U	C	A	G	
U	UUU ⎫ 苯丙氨酸 UUC ⎭ UUA ⎫ 亮氨酸 UUG ⎭	UCU ⎫ UCC ⎬ 丝氨酸 UCA ⎪ UCG ⎭	UAU ⎫ 酪氨酸 UAC ⎭ UAA 终止密码 UAG 终止密码	UGU ⎫ 半胱氨酸 UGC ⎭ UGA 终止密码 UGG 色氨酸	U C A G
C	CUU ⎫ CUC ⎬ 亮氨酸 CUA ⎪ CUG ⎭	CCU ⎫ CCC ⎬ 脯氨酸 CCA ⎪ CCG ⎭	CAU ⎫ 组氨酸 CAC ⎭ CAA ⎫ 谷氨酰胺 CAG ⎭	CGU ⎫ CGC ⎬ 精氨酸 CGA ⎪ CGG ⎭	U C A G
A	AUU ⎫ AUC ⎬ 异亮氨酸 AUA ⎭ AUG* 蛋氨酸	ACU ⎫ ACC ⎬ 苏氨酸 ACA ⎪ ACG ⎭	AAU ⎫ 天冬酰胺 AAC ⎭ AAA ⎫ 赖氨酸 AAG ⎭	AGU ⎫ 丝氨酸 AGC ⎭ AGA ⎫ 精氨酸 AGG ⎭	U C A G
G	GUU ⎫ GUC ⎬ 缬氨酸 GUA ⎪ GUG ⎭	GCU ⎫ GCC ⎬ 丙氨酸 GCA ⎪ GCG ⎭	GAU ⎫ 天冬氨酸 GAC ⎭ GAA ⎫ 谷氨酸 GAG ⎭	GGU ⎫ GGC ⎬ 甘氨酸 GGA ⎪ GGG ⎭	U C A G

* 当 AUG 处于 mRNA 上首位时,是肽链合成的启动信号。

遗传密码有以下几个特点:①兼并性:指多个密码子决定同一种氨基酸,如亮氨酸有6个密码子,苏氨酸有4个密码子;②通用性:指所有生物都通用同一套遗传密码,这也证明了生物具有统一性;③连续性:指在 mRNA 上,密码子是连续排列的;④方向性:指密码子的阅读方向是 5'端到 3'端。

(2) tRNA 是转运氨基酸的工具:tRNA 呈三叶草形结构,在其顶端具有一个反密码环的结构,反密码环上有 3 个碱基,称为反密码子。反密码环在翻译时,识别 mRNA 上的密码子并以碱基互补的方式配对结合。在反密码环对侧有一个以 CCA 三个核苷酸构成的末端,可以和特定的氨基酸相连。tRNA 具有专一性,即一种 tRNA 只能携带一种氨基酸。在酶的作用下,tRNA 不断地将氨基酸运送到细胞质中的核糖体上,进行蛋白质合成。

(3) 核糖体是蛋白质合成的场所:在蛋白质的合成中,核糖体起着蛋白质装配机的作用。

由此可见,以 DNA 为模板合成 mRNA,再以 mRNA 为模板,tRNA 为运载工具,将氨基酸在核糖体上按一定顺序排列起来,就合成了与亲代相同的蛋白质(图2-8),从而表现出与亲代相同的性状。所以说,DNA 是生物性状的控制者,通过 mRNA 做媒介,进而决定了蛋白质的特异性。

基因表达取决于精确的转录、翻译和翻译后加工等步骤,是一个复杂的过程,受多种因素调控,任何一个环节受到破坏,都将使基因表达不能顺利进行或降低表达水平。

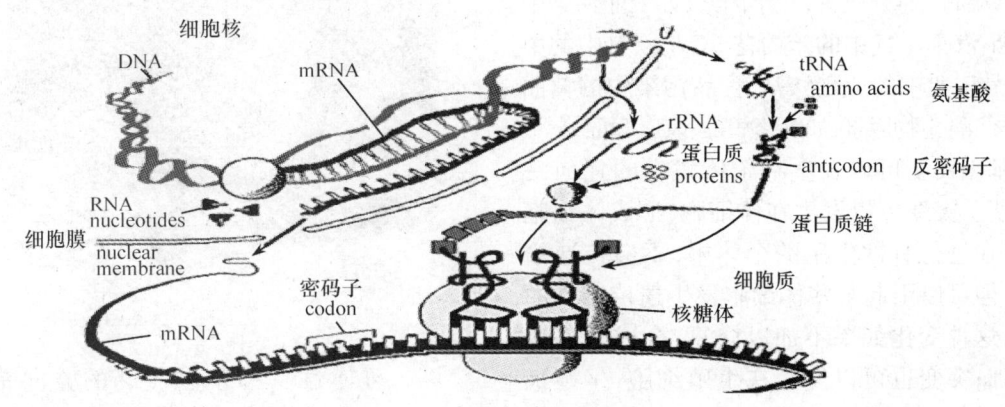

图 2-8 蛋白质合成示意图

DNA 指纹

DNA 所包含的信息多达 30 亿位以上，其中的个体模型、突变或标志物都可以用作身份识别。此外，在法医学应用中可从一滴血、一滴唾液、一片皮屑、一根毛发中提取出 DNA，并以此来制备出所需数量的 DNA 序列，用于进行个体鉴定。DNA 指纹并不是那种真正的指纹，而是指 DNA 信息的记录模式。它是现有的用于个体鉴定的最有用、最准确的工具之一，分辨率可达十亿分之一（还没有哪个法院要求有这样的标准）。DNA 指纹能给出近于 100% 确定性的阳性鉴定，甚至可以帮助警察找出从前不曾怀疑过的漏网之徒，而其他方法只能是用来排除嫌疑对象。

四、基因突变

人类和各种生物细胞的基因都能保持相对稳定，但并非固定不变，在一定内外因素的影响下，遗传物质可能会发生变化。

（一）基因突变的概念

基因突变（gene mutation）指染色体上某一位点的化学组成发生了改变，从分子水平看，是基因中碱基对的组成和排列顺序发生了改变，故又称为点突变。突变后产生的新基因称为突变基因。

基因突变分为自发突变和诱发突变。自发突变指在自然条件下，未经人工处理而发生的突变。诱发突变指经人工处理而发生的突变。能诱发基因突变的各种内、外环境因素称为诱变剂。

诱发基因突变的因素，主要有物理因素，如高温、电离辐射、紫外线等；化学因素，如工业污染中的煤烟、汽车尾气中的苯丙芘、工业原料中的甲醛、食品工业中的亚硝酸盐、食品污染中的黄曲霉、农药等；生物因素，如麻疹病毒、风疹病毒等。

基因突变可以发生在个体发育的任何一个时期。突变可以发生在体细胞，形成体细胞突变，在进行有性生殖的个体中，不会传递给子代，但可以引起某些体细胞发生遗传结构的变化，这种变化如果不加以修复，会成为癌变的基础；突变也可以发生在生殖细胞，生殖细胞的突变会造成后代个体遗传性状的改变，形成可遗传的变异。

突变通常是有害的，多被自然选择所淘汰。但事实上，各种等位基因都是经过突变而形成的。同源染色体上的各对基因最初可能都是相同的，只是后来由于其中的一个发生突变，形成等位基因，才出现了差异。因此说，基因突变为生物进化提供了丰富的原料，是人类进化的基础。

（二）基因突变的一般特性

1. 多向性 指一个基因可以向不同方向发生突变，产生若干个不同的突变基因，这是复等位基因产生的基础。即基因 A 可以突变为等位基因 a_1、a_2、a_3 等，从而构成复等位基因。例如，决定人类 ABO 血型的复等位基因 i、I^A 和 I^B 就可能是基因 i 经两次不同方向的突变分别形成 I^A、I^B 而构成的。

案例 2-1 毛孩

1978 年，在辽宁诞生了一个遍体长毛的婴儿，人称毛孩，消息传开，便有许多来信、来访。随后科研部门在不到一年的时间里，又了解到各地还有不少胎生多毛人和毛孩。他们的身体发育和智力发展都很正常。

请你根据所掌握的知识，试分析毛孩现象产生的原因。

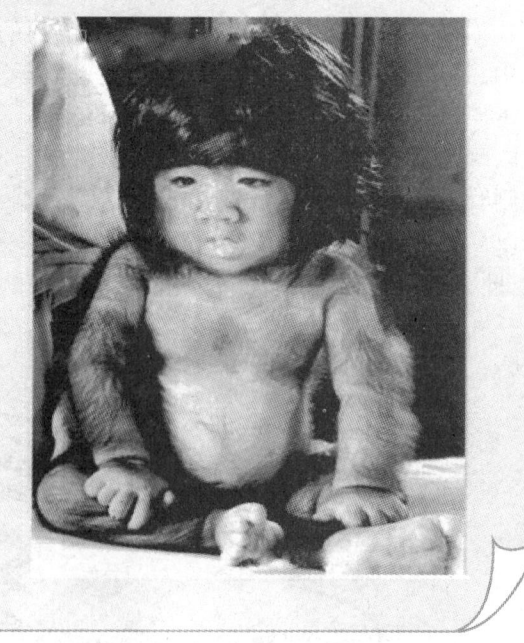

2. 可逆性 指基因突变的方向是可逆的，突变可由一个显性基因 A 突变为隐性基

因a,而这个隐性基因a又可突变成显性基因A。前者称为正突变,后者称为回复突变。一般来说,正突变的频率大于回复突变的频率。例如,人类中出现的返祖现象,就是由于基因发生了回复突变引起的。

3. 有害性 大部分基因突变对生物体是有害的,不利于个体的生长、发育和生存。因为基因突变破坏了经长期自然选择形成的遗传结构的平衡,从而产生不利影响,表现为生存力和可育性降低,寿命缩短,甚至致死。当然,有些基因突变对个体并无危害,这类突变称为中性突变。

4. 稀有性 各种基因在群体中的自然突变频率都很低。人类基因的突变频率为 $10^{-6} \sim 10^{-4}$/(生殖细胞·代),即每代1万~100万个生殖细胞中,有一个基因发生突变。

5. 重复性 是指某一基因座位的突变,总是以一定的频率在种群中反复发生,也就是说,同种生物中相同基因的突变可以在不同个体间重复出现,例如,人的白化基因突变可以在人群中不断出现。

(三) 基因突变的类型

DNA分子中碱基对的组成和排列顺序发生改变,并产生遗传效应,是基因突变的分子机制。根据DNA中碱基改变的情况,基因突变主要有碱基替换和移码突变两大类。

1. 碱基替换 碱基替换是基因突变的主要形式,是指一个碱基对被另一个不同的碱基对所替换。碱基替换有两种形式:一是转换,即一种嘌呤取代另一种嘌呤,或一种嘧啶取代另一种嘧啶,如AT→GC或CG→TA;二是颠换,即嘌呤取代嘧啶或嘧啶取代嘌呤,如AT→TA或GC→CG。

碱基替换会引起所在密码子的改变,对多肽链中氨基酸种类或顺序的影响有四种情况:
(1) 同义突变:是指碱基替换使某一密码子发生改变,但是改变前后的密码子都编码同一种氨基酸,这种情况并不发生突变效应。例如:CCA→CCG,突变前后的两个密码子都代表脯氨酸。同义突变的存在一定程度上减轻了碱基替换给机体带来的不良影响(图2-9)。
(2) 错义突变:是指碱基替换导致突变后的密码子编码另一种氨基酸,结果使多肽链的氨基酸组成发生改变,产生异常蛋白质分子。

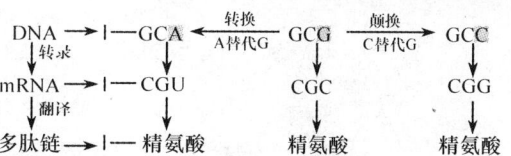

图2-9 同义突变

例如:GAA→GUA,导致翻译产物中该位的谷氨酸被缬氨酸替代,许多蛋白质分子结构和功能的异常就是这样产生的。如人血红蛋白分子的异常就是如此(图2-10)。

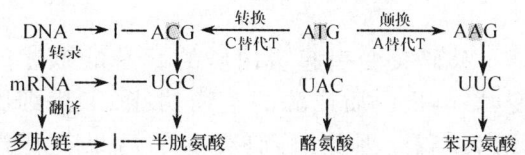

图2-10 错义突变

(3) 无义突变:指单个碱基替换使原来编码某一氨基酸的密码子变成终止密码子,导致多肽链合成提前终止。例如:UAC→UAA,使编码酪氨酸的密码子变成了终止信号。此种突变常使多肽链缩短,产生无生物活性的多肽链。虽然无义突变并不引起氨基酸的编码错误,但由于终止密码出现在一条mRNA的中间部位,会使产生的蛋白质或酶大多失去活性或失去原有的功能,影响机体的代谢过程,严重者会引起致死。

(4) 终止密码突变:指碱基替换使原来一个终止密码变成编码某一氨基酸的密码子,导致多肽链继续合成,直至下一个终止信号出现为止。例如:UAA→CAA(谷氨酸),结果是形成了加长的异常多肽链。

2. 移码突变 在DNA分子中插入或丢失一个或多个碱基对,导致这一部位之后的密码都依序发生改变,从而引起遗传信息的改变,造成多肽链延长或缩短,称为移码突变。碱基对插入或丢失的数目和方式不同,对其后密码组合改变的影响程度也不同。若在某一位点插入或丢失一个或两个碱基对,将引起该位点以后的整个密码组合及其排列顺序的改变;若在某一位点插入或丢失三个碱基对,即一个完整的密码子,则对其后的密码组合影响相对较小(图2-11)。

```
                        酪    丝    脯    苏    谷    天酰   丙
正常密码组合: …UAC  AGU  CCU  ACG  GAA  AAC  GCU…

                        酪    精    丝    酪    甘    赖    精
插入一个碱基: …UAC  AGA  UCC  UAC  AGA  AAA  CGC  U…

                        酪    丝   天冬   脯    苏    谷    天酰   丙
插入三个碱基: …UAC  AGU  GAU  CCU  ACA  GAA  AAG  GCU…

                        酪    缬    亮    精    赖    苏
缺失一个碱基: …UAC  ▼GUC  CUA  CGG  AAA  ACG  CU…
                        A
```

图 2-11　移码突变

移码突变引起蛋白质的氨基酸顺序改变,影响蛋白质或酶的生物功能,干扰细胞代谢过程。因此,移码突变的后果往往严重影响细胞或机体的正常生命活动。

(四) 基因突变的表型效应

从基因到表型是一个复杂过程,基因突变所引起的表型也很复杂。例如人类的血红蛋白,由 2 条 α 链和 2 条 β 链构成,如果 β 珠蛋白基因的第 6 个三联体 CTC 变为 CAC(T→A),则转录的 mRNA 分子上的第 6 个密码子便由 GAG 变为 GUG(A→U),其翻译产物 β 链上的第 6 个氨基酸便由原来的谷氨酸变成缬氨酸。结果,使正常的血红蛋白 (HbA) 转变成异常血红蛋白 (HbS)。在氧分压低的毛细血管中,溶解度低的 HbS 聚合形成凝胶状的棒状结构,使红细胞变成镰刀状即导致一种严重的贫血——镰状细胞贫血。

此外,从基因到表型的形成必须通过一系列代谢过程。代谢过程的每一步都需要酶的催化。酶是一种蛋白质,受控于一定的基因。当此类基因发生突变时,经过转录、翻译而表达出来的即为无酶活性的蛋白质。由于酶的活性缺失,代谢过程将会中断,从而产生相应的分子病或先天性代谢缺陷(见第 5 章第 4 节)。

五、人类基因组计划

人类基因组计划 (human genome project, HGP) 是美国科学家于 1985 年率先提出的,旨在阐明人类基因组 30 亿个碱基对的序列,发现人类的所有基因并搞清其在染色体上的位置,破译人类全部遗传信息,使人类第一次在分子水平上全面地认识自我。

这一价值 30 亿美元的计划于 1990 年正式启动,这一研究项目由美国、英国、法国、日本、德国和中国六个国家加盟,有 16 个研究所、1100 多名生物学家和计算机专家参与,被誉为是"生物学的阿波罗登月计划"。"人类基因组计划"与"曼哈顿原子弹计划"、"阿波罗登月计划",并称为自然科学史上的"三大计划"。

2006 年 5 月 18 日,英美科学家宣布完成了人类 1 号染色体的基因测序图,这表明人类最大和最后一个染色体的测序工作已经完成,历时 16 年的人类基因组计划终于画上了句号。

为什么 1 号染色体的测序工作如此艰难?这是因为 1 号染色体是人类最大的染色体,约占人类整个基因组的 8%,比最短的 21 号染色体长 6 倍,再加上测序工作又稍晚,所以直到最后才得以结束。1 号染色体可能成为最有价值的染色体之一,因为它大约与 350 种疾病的发生相关,这无疑将点燃科学家征服这些疾病的希望之光。

值得中国人骄傲的是:1999 年 9 月,中国积极加入人类基因组研究计划,成为继美、英、日、德、法之后第六个国际人类基因组计划参与国,负责测定的区域位于人类 3 号染色体短臂上,该区域的遗传基因大小约占人类整个基因组的 1%。2000 年 4 月底,中国科学家出色地完成了任务。

随着人类基因组逐渐被破译,一张人类的生命之图将被绘就,人们的生活也将发生巨大变化。基因药物治疗已经走进人们的生活,利用基因治疗更多的疾病不再是一个奢

望。随着我们对人类本身的了解迈上新的台阶,很多疾病的病因将被揭开,药物设计会更具针对性,治疗方案就能"对因下药",人们生活起居、饮食习惯可以根据基因情况进行调整,21世纪的医学基础可能将由此奠定。

利用基因,人们可以改良果蔬品种,提高农作物的品质,更多的转基因植物和动物、食品将问世,人类可能在新世纪里培育出超级作物。通过控制人体的生化特性,人类将能够恢复或修复人体细胞和器官的功能,甚至改变人类的进化过程。

人类基因组计划必将给21世纪的生物医学科学带来一场遗传学革命,造福于人类健康和社会发展。

小结

核酸是细胞内重要的遗传物质,是生物遗传信息的载体,控制着蛋白质的生物合成,对生物的生长发育、繁殖、遗传和变异等各种生命活动起着主导作用。核酸有两种,即DNA和RNA。DNA分子是由两条脱氧核苷酸长链反向平行盘绕成的双螺旋结构,DNA具有蕴藏遗传信息、进行自我复制和转录成RNA的功能;RNA分子是单链结构,分为3种,即mRNA、tRNA和rRNA,这3种RNA都参与蛋白质的合成。

基因是有遗传效应的DNA片段,基因的基本功能包括三个方面:一是贮存遗传信息;二是能准确地自我复制;三是通过基因表达,控制细胞内蛋白质和酶的合成,从而决定生物体的表型。

在一定条件下,基因有可能发生突变。基因突变为生物进化提供了可能,同时基因突变也是某些疾病发生的根源。

目标检测

一、名词解释

1. 基因 2. 自我复制 3. 转录 4. 翻译 5. 遗传信息 6. 密码子 7. 基因突变 8. 中心法则

二、填空

1. 核酸的基本组成单位是_____。
2. 根据下面图解回答问题:

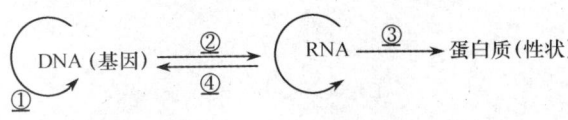

（1）此简式是_____法则,表示的是_____过程。

（2）①表示_____过程,是在_____中完成的。

（3）②表示_____过程,是在_____中进行的。

（4）③表示_____过程,进行的场所是_____,此过程以信使RNA为模板,由_____将相对应的氨基酸安放在特定的位置上。

3. RNA依其功能不同可分为_____、_____、_____三种,简写为_____、_____、_____。
4. 遗传密码主要有_____种,其中_____个起始密码,_____个终止密码。
5. 基因突变的一般特性:_____、_____、_____、_____。
6. 基因突变主要有_____和_____两大类。

三、单项选择题

1. 遗传的主要物质是 （ ）。
   A. 蛋白质   B. RNA
   C. DNA   D. 核酸

2. 下列碱基属于DNA组成的一组是 （ ）。
   A. A、T、C、G   B. A、U、C、G
   C. T、C、G、U   D. T、C、A、U

3. DNA分子具有多样性和特异性是由于 （ ）。
   A. DNA分子具有特殊的双螺旋结构
   B. DNA分子是一种高分子化合物
   C. DNA分子能自我复制
   D. DNA分子碱基对排列顺序的不同

4. 分析DNA分子时,发现30%的脱氧核苷酸含有腺嘌呤,由此可知该分子中鸟嘌呤含量的最大值可占此链碱基总数的 （ ）。
   A. 20%   B. 30%
   C. 40%   D. 70%

5. 一个DNA分子复制完毕后,新形成的DNA链是 （ ）。
   A. DNA亲链的片段
   B. 和DNA亲链之一完全相同
   C. 和DNA亲链稍有不同
   D. 和DNA亲链相同,但T为U所代替

6. 从肝细胞中分离出下列分子片段,其中属于DNA分子片段的是 （ ）。
   A. C C C G G A A U A C
   B. G G G C A U A C C
   C. C U U A G G C A C
   D. G C G A T T A C G G T

7. 遗传信息和遗传密码分别位于 （ ）。
   A. DNA和信使RNA上
   B. DNA和转运RNA上
   C. 信使RNA和转运RNA上
   D. 染色体和基因上

8. 下列肯定不是遗传密码的碱基排列顺序是
　　　　　　　　　　　　　　　　　（　）。
　　A. UUU　　　　B. AAA
　　C. GUC　　　　D. GAT
9. 某基因有碱基 120 个,则由它控制合成的蛋白质所具有的氨基酸数目最多为（　）。
　　A. 10 个　　　　B. 20 个
　　C. 30 个　　　　D. 40 个
10. 与构成蛋白质的 20 种氨基酸相对应的遗传密码有　　　　　　　　　　　　　　（　）。
　　A. 4 个　　　　B. 20 个
　　C. 61 个　　　　D. 64 个
11. 基因中插入或丢失一个或两个碱基会引起
　　　　　　　　　　　　　　　　　（　）。
　　A. 基因的全部密码子改变
　　B. 变化点所在的密码子改变
　　C. 变化点以后的密码子改变
　　D. 变化点前后的几个密码子改变

四、简答题
1. 简述核酸的基本组成。
2. 比较 DNA 和 RNA 的主要区别。
3. 简述 DNA 双螺旋结构模型的主要内容。
4. 运用中心法则简要说明遗传信息的表达过程。
5. 综合所学知识说明基因突变对人类生存的利弊。
6. 简述人类基因组计划的主要任务。

第 3 章 遗传的细胞学基础

学习目标

1. 叙述细胞的基本结构及重要细胞器的结构与功能
2. 熟记人类染色体的形态特征
3. 说出有丝分裂的概念,描述有丝分裂各个时期的特点及生物学意义
4. 说出减数分裂的概念,描述减数分裂各个时期的特点及生物学意义
5. 简述精子和卵的发生过程及染色体数目的变化特点

细胞(cell)是生物体结构和功能的基本单位,除最简单的生命形式——病毒外,生物体都由细胞组成。生物体的各种生命活动,如新陈代谢、生长、发育、繁殖、遗传和变异等,都是以细胞为单位进行的。细胞的世界是神秘奇妙的,决定着细胞所有生命活动的遗传物质就存在于细胞内,生物的遗传、变异直接与细胞的结构、功能息息相关。因此,学习细胞的结构和主要功能,以及有关细胞增殖的知识,是学习医学遗传学必备的重要基础知识。让我们一起走进细胞,深入地了解它的奥秘吧!

"细胞"一词的来历

绝大多数细胞都非常微小,超出人的视力极限,观察细胞必须用显微镜。1677 年,列文·虎克用自己制造的简单显微镜观察到动物的"精虫"时,并不知道这是一个细胞。"细胞"一词是 1665 年,罗伯特·胡克在观察软木塞的切片时,看到软木中含有一个个小室而以之命名的。其实,这些小室并不是活的结构,而是细胞壁所构成的空隙,但"细胞"这个名词就此被沿用下来。

第1节 细胞的基本结构及功能

不同的生物,细胞的结构不完全相同。根据细胞结构的特点和复杂程度的不同,可将细胞分为原核细胞和真核细胞两大类。

原核细胞(prokaryotic cell)是无真正细胞核、较原始的细胞。这类细胞体积小(平均直径 $1\sim10\mu m$),结构简单,细胞膜外有一层坚固的细胞壁,细胞内的核物质区域仅有一条 DNA 分子,无核膜包围,称为拟核或原核,除核糖体外没有成形的细胞器(图 3-1)。由原核细胞构成的生物,称为原核生物,主要有支原体、衣原体、立克次体、细菌(图 3-2)、蓝藻和放线菌等,因形体微小,又称为微生物。

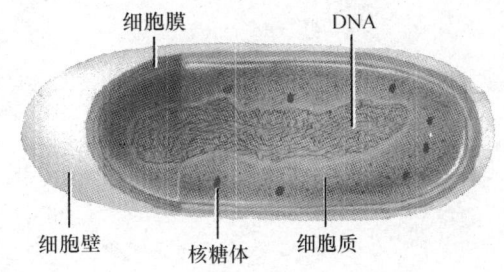

图 3-1 原核细胞模式图

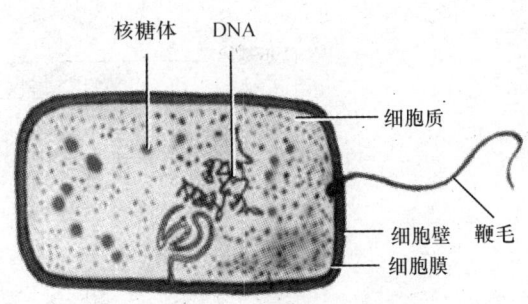

图 3-2 细菌模式图

真核细胞(eukaryotic cell)指具有完整细胞核的细胞。真核细胞是由原核细胞进化来的,其结构复杂,功能完善,种类繁多。由真核细胞构成的生物称为真核生物,自然界中大多数生物是真核生物,包括植物、动物和真菌。

不同生物的细胞,在大小、形态和数量上都有很大的差异。真核细胞的体积比原核细胞的体积大,直径一般在 $10\sim100\mu m$,绝大多

数细胞只能在显微镜下观察到,但也有肉眼可见的细胞。现已知最小的细胞是支原体,直径仅约 0.1um,要用电镜才能看到。最大的细胞,如鸵鸟的卵细胞直径可达 70mm,长颈鹿的神经细胞可长达 3m 以上。人体内最大的细胞是卵细胞,最小的是淋巴细胞,细胞的大小和细胞的功能是相适应的。

真核细胞的形态千差万别(图3-3),这是与它的功能相适应的。例如:血细胞、卵细胞大多是球形或卵圆形,这与它们呈游离状态有关;神经细胞有长长的突起与它的传导功能有关;肌肉细胞呈纤维状、柱状和梭形,与它的收缩功能相适应等。不同的生物体,细胞的数量不同,原核生物是单细胞生物,每个生物体只有一个细胞;高等多细胞生物体一般由数以亿计的细胞构成,一个成年人大约由 10^{14} 个细胞构成。

尽管真核细胞的种类很多,大小、形状、功能差异很大,但基本结构大体相同。一般由细胞膜、细胞质、细胞核组成,植物细胞还具有细胞壁,但细胞壁的成分与原核细胞的不同。下面以动物细胞为例介绍细胞各部分的基本结构(图3-4)及功能。

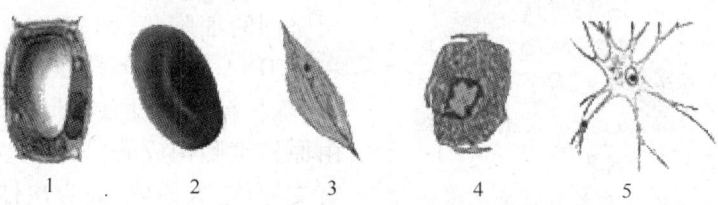

图 3-3　各种不同形状的细胞
1. 植物细胞　2. 红细胞　3. 肌肉细胞　4. 骨细胞　5. 神经细胞

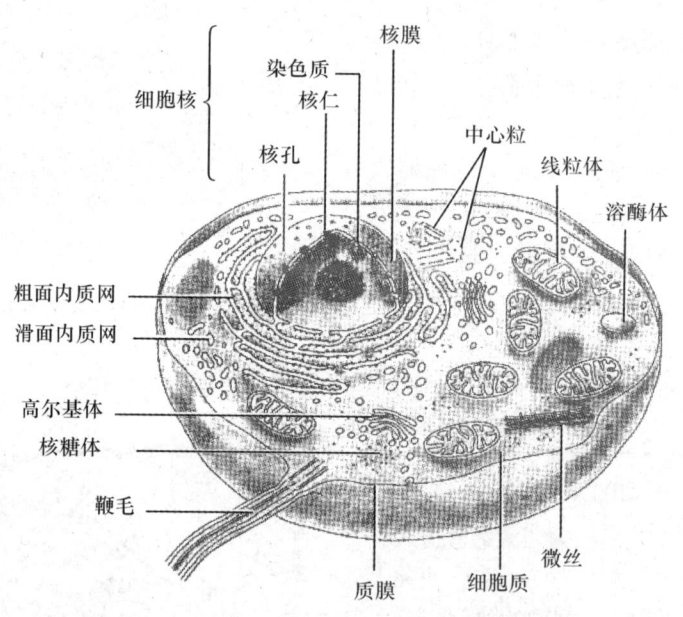

图 3-4　动物细胞模式图

一、细 胞 膜

(一) 细胞膜的结构

细胞膜(cell membrane)又叫质膜,是包围在细胞质表面的一层薄膜,在电子显微镜下观察可以看到,它由内外两层致密的深色带和中间一层疏松的浅色带构成,一般把这样"两暗一明"的三层结构称为单位膜(unit membrane)。除细胞膜外,细胞内还有许多膜结构,例如细胞核、线粒体、内质网等。一般将细胞中所有的膜统称为生物膜(biological membrane),包括细胞膜和细胞内膜。

细胞膜的化学成分主要是类脂、蛋白质和糖类。根据细胞膜所含分子的排列分布,用电镜观察到细胞膜为"液态镶嵌型结构"(图3-5)。

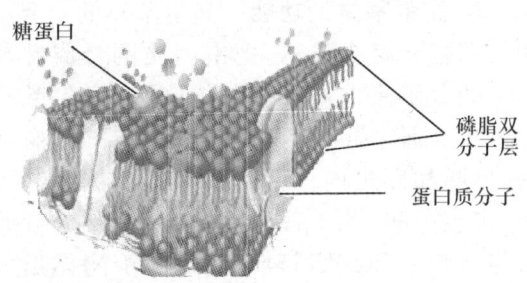

图 3-5　细胞膜的液态镶嵌型结构模式图

(二) 细胞膜的功能

细胞膜是细胞与外界环境联系的通道,对控制细胞内外物质交换有重要作用,同时具有保护细胞的作用,还与细胞识别、分泌、排泄、免疫有关。

二、细胞质

细胞质(cytoplasm)是细胞膜以内细胞核以外的全部结构和物质,包括细胞器和细胞基质。

细胞器(cellular organelle)是细胞质中具有一定化学组成和形态并表现某些特殊功能的精细结构。有线粒体、内质网、高尔基体、溶酶体、核糖体、过氧化物酶体、中心体等。细胞在生命活动中时刻发生着物质和能量的复杂变化,细胞就像一个繁忙的工厂,各种细胞器就像忙碌不停的车间,行使着各自的功能。虽然细胞中的各个细胞器功能不同,但每种细胞器都不能单独发挥作用。细胞只有保持完整性,各部分结构相互协作,才能正常地完成各项生命活动。

细胞基质(cytoplasmic matrix)是细胞质中除细胞器以外的胶状物质,是活细胞进行新陈代谢的主要场所。

(一) 线粒体——动力工厂

1. 线粒体的结构　线粒体(mitochondria)是细胞质中一种体积较大的细胞器。不同细胞的线粒体数量不同,代谢旺盛的细胞中线粒体的数量多。

在光镜下观察,线粒体一般呈线状、粒状或杆状。在电镜下观察,线粒体是由两层单位膜包围而成的囊状结构(图3-6),外膜表面光滑,膜上有小孔,内膜向内部突起形成嵴,嵴使内膜的表面积大大增加,这对线粒体内进行高速率的生化反应是极为重要的。两层膜之间的腔成为膜间腔,又称为外腔,嵴与嵴之间的腔称为嵴间腔或内腔。内腔中充满基质,含有许多与有氧呼吸作用有关的酶、少量的DNA和RNA、脂类和核糖体等。在内膜和嵴上附有许多排列规则的球形小体,称为基粒,是线粒体进行化学反应的基地。

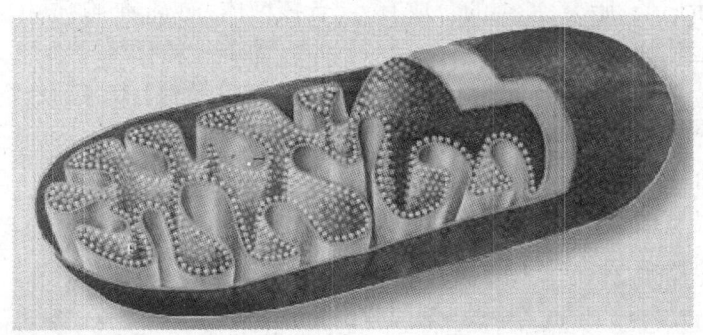

图 3-6　线粒体结构示意图

2. 线粒体的功能　线粒体是细胞进行有氧呼吸和供能的场所。细胞内的能源物质(如糖类、脂类、蛋白质等)经线粒体氧化分解后,分解为 CO_2 和 H_2O 并释放出大量的能量。其中40%~50%的能量储存在ATP(腺苷三磷酸)中,随时为生命活动提供能量,另一部分主要以热能的形式散失。细胞生命活动中所需要的能量95%以上来自于线粒体,因此,线粒体有"动力工厂"之称。

(二) 内质网——物质运输的通道

1. 内质网的结构　内质网(endoplasmic reticulum,ER)是由一层单位膜构成的网状结构(图3-7),广泛分布在细胞质中,向内与细胞核的外膜相连,向外与细胞膜相连。

老年性耳聋是比较常见的,在65岁以上的老年人中大约有30%的人有听力障碍。其中线粒体功能的缺失和人体内自由基的增加是致病的重要原因之一,因此即使患者没有使用过敏药物,随着年龄的增大,听力也会逐渐下降。所以,建议老年人平时多摄入绿茶、维生素等抗自由基饮品、食物,来减缓听力损伤,并作好提前干预,提高生活质量。

问题:老年性耳聋也与线粒体有关系吗?

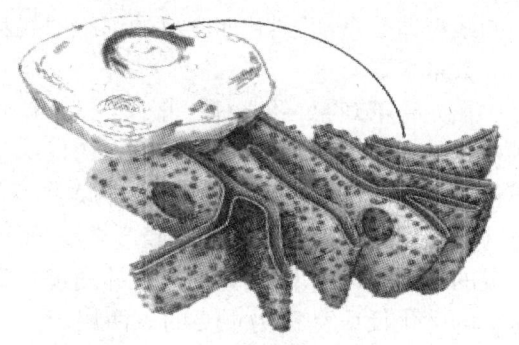

图3-7　内质网结构示意图

内质网分为两类:即粗面内质网和滑面内质网,前者的外表面有核糖体附着;后者没有。

2. 内质网的功能　内质网的功能是多方面的:对细胞质起支持和分隔作用;与细胞质进行物质交换;与蛋白质、脂类、糖类的合成有关;是蛋白质等的运输通道。

(三)高尔基体——加工、包装车间

1. 高尔基体的结构　高尔基体(Golgi complex)是由一层单位膜构成的扁平囊、小囊泡、大囊泡组成的圆盘状结构(图3-8)。

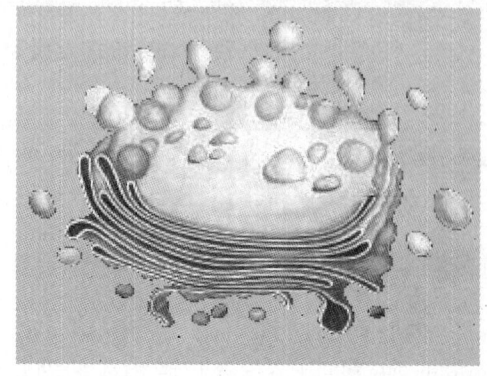

图3-8　高尔基体结构示意图

2. 高尔基体的功能　高尔基体的主要功能与细胞分泌有关,它把由内质网合成并转运来的分泌蛋白质加工浓缩,通过高尔基小泡运出细胞;第二个功能是合成和运输多糖、糖脂和糖蛋白,所以,高尔基体被喻为加工、包装车间;此外,高尔基体在细胞分裂时参与细胞壁和细胞膜形成;还与溶酶体形成有关。

(四)溶酶体——细胞内的消化器官

1. 溶酶体的结构　溶酶体(lysosome)是由一层单位膜包围着的、含有多种酸性水解酶呈囊泡状结构的细胞器。溶酶体内含有许多种水解酶类,能够分解很多种物质,被比喻为细胞内的"酶仓库"。

2. 溶酶体的功能　溶酶体在细胞内具有消化、防御和保护作用,是细胞内的消化器官。肿瘤、类风湿关节炎、休克、发热和矽肺等疾病均与溶酶体有关。

(五)核糖体——蛋白质的合成场所

1. 核糖体的结构　核糖体(ribosome)是由核糖体核酸(rRNA)和蛋白质组成的椭圆小体,无膜包围,由大亚基和小亚基两部分组成(图3-9)。是细胞内数量最多的细胞器。

2. 核糖体的功能　核糖体是细胞内合成蛋白质的场所。附着在内质网表面的称为固着核糖体;游离在胞质中的,称为游离核糖体。固着核糖体主要合成某些输送到细胞外的蛋白质,如抗体、酶原或蛋白质类激素等;游离核糖体主要合成细胞本身所需的结构蛋白质。

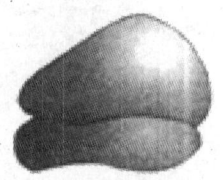

图3-9　核糖体结构示意图

(六)中心体

1. 中心体的结构　中心体(centrosome)普遍存在于动物细胞和低等植物细胞,位于细胞核附近,接近细胞的中心,由两个互相垂直的中心粒组成,中心粒为短筒状小体(图3-10)。

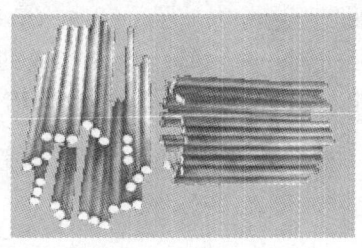

图 3-10 中心体结构示意图

2. 中心体的功能 中心体与细胞有丝分裂时纺锤体的形成有关；还能形成鞭毛和纤毛，与细胞运动有关。

(七) 细胞骨架

细胞骨架的结构 细胞骨架(cytoskeleton)指真核细胞中的蛋白纤维网架体系，包括微管、微丝和中间丝等，是无膜的结构。

细胞骨架的功能 细胞骨架的主要功能是维持细胞的一定形态，保持细胞内部结构的有序性，还与细胞运动、物质运输、能量转换、信息传递、细胞分裂和分化等生命活动密切相关。

三、细 胞 核

细胞核(nucleus)的出现是细胞进化的重要标志，原核细胞与真核细胞最主要的区别就在于有无完整的细胞核。细胞核是真核细胞中体积最大、功能最重要的细胞器，主要功能是储存和复制遗传信息，控制细胞的代谢、生长、分化和繁殖等活动。尽管细胞核的形状、大小、位置和数量因细胞类型的不同而不同，但是其基本结构大致相同，间期细胞核主要由核膜、核仁、染色质和核基质四部分构成(图 3-11)。

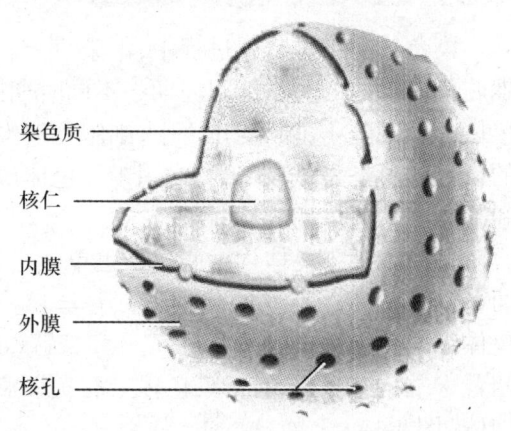

图 3-11 细胞核的结构示意图

(一) 核膜

1. 核膜的结构 核膜(nuclear membrane)是包围核物质的膜，在电镜下观察，由两层单位膜组成，两层膜中间的空隙，叫核周腔。在核膜的某些部位，内外层核膜彼此融合形成核孔，核孔是细胞核与细胞质之间进行物质交换的重要通道。

2. 核膜的功能 核膜的主要功能是将核物质包围在一定区域，对核物质起保护作用，同时，也控制着细胞核内外的物质交换。在细胞分裂时，核膜逐渐消失，分裂结束前又重新形成。核膜是细胞中整个内膜系统的一部分，而不是独立的结构。

(二) 核仁

1. 核仁的结构 核仁(nucleolus)出现在间期细胞核内，在光镜下观察，核仁是圆形颗粒，一般 1~2 个，也有数量多的。在电镜下观察，核仁是表面无膜的海绵状结构。

2. 核仁的功能 核仁的形状、大小、数量因生物种类、细胞类型和生理状态而异，但核仁的功能却是相同的。核仁的主要功能是进行核糖体 RNA(rRNA)的合成。一般蛋白质合成旺盛和分裂增殖较快的细胞有体积较大且数目较多的核仁。

(三) 染色质与染色体

染色质(chromatin)与染色体(chromosome)是同一种物质在细胞周期不同时期的两种表现，其主要成分为 DNA 和组蛋白，易被碱性染料着色，是遗传信息的载体。

染色质是间期细胞遗传物质存在的形式，光学显微镜下呈颗粒状，不均匀分布于细胞核中，电镜下为连珠状细丝，其基本结构单位是核小体(nucleosome)。每个核小体由 8 个组蛋白分子构成的颗粒和表面缠绕的 1.75 圈 DNA 分子组成(图 3-12)。间期核中的染色质，按其形态表现、螺旋化和折叠程度的不同，分为常染色质和异染色质。常染色质是间期核中功能活跃的染色质，呈疏松、伸展状态，其 DNA 参与 RNA 的转录和蛋白质的合成；异染色质是间期核中功能不活跃的染色质，它高度螺旋化，卷曲紧密，多分布于核周围，紧靠核膜内缘。

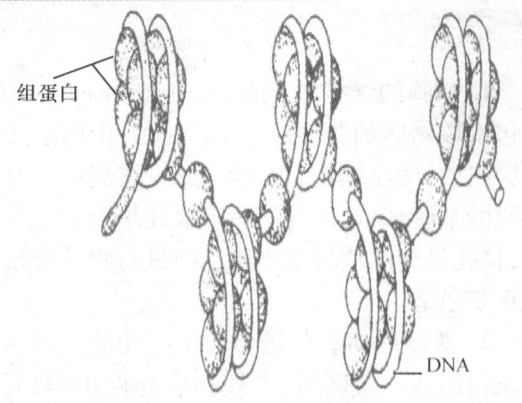

图 3-12 核小体的组成

在细胞有丝分裂的分裂期,染色质细丝高度螺旋、缩短变粗成圆柱状或杆状的染色体(图 3-13)。细胞分裂结束后,染色体又解旋恢复形成染色质。

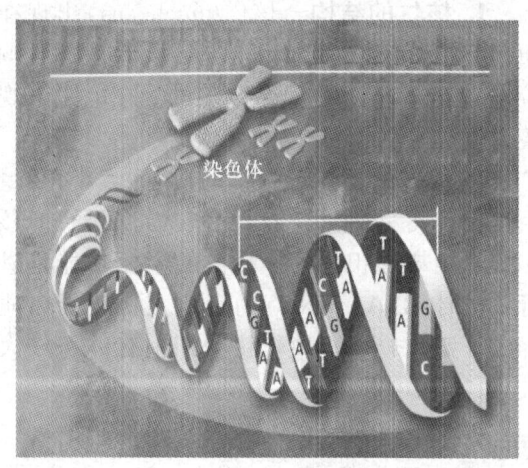

图 3-13 染色体的形成

染色体的数目和形态有种的特异性,即不同种的生物染色体数目和形态不同,而同种生物染色体的数目和形态是恒定的(表 3-1)。人类体细胞的染色体为 46 条(23 对)。

表 3-1 动植物细胞染色体数目(2n)

种名	染色体数目	种名	染色体数目
白菜	18	果蝇	8
向日葵	34	猫	38
西红柿	24	狗	78
洋葱	16	鸡	78
小麦	42	人	46

(四) 核基质

核基质(nuclear matrix)亦称核骨架,是指真核细胞核内除去核膜、核纤层、染色质、核仁以外存在的一个由纤维蛋白构成的网架体系。可能与 DNA 复制、基因表达、RNA 的修饰、染色质的包装、细胞分化和细胞癌变等有关。

第 2 节 人类染色体

染色体是遗传物质的载体,具有储存和表达遗传信息的功能,是细胞遗传学研究的主要对象。1956 年,美籍华人蒋有兴等首先确定人类体细胞染色体数目为 46 条,随后,染色体分析技术很快被应用于临床,并逐渐形成了一门探索染色体变化与临床疾病关系的新学科——临床细胞遗传学。

> **染色体的发现**
>
> 大约在 100 年前,人们从植物花粉细胞中发现了一些丝状和粒状物质,当时并没意识到这就是染色体。直到 1879 年,德国生物学家弗莱明(Fleming·W 1843~1905)把细胞核中的丝状和粒状物质,用染料染红并进行观察,发现这些东西平时分散在细胞核中,当细胞分裂时,分散的染色物质便浓缩,形成一定数目和一定形状的条状物,到分裂完成时,条状物又疏松分散开。后来科学家就把这种易被染色的条状物称为染色体。

一、人类染色体的形态结构、类型和数目

(一) 人类染色体的形态结构

染色体是细胞分裂过程中,由染色质高度螺旋化而形成的。在细胞周期的不同时期,染色体的形态处于不断变化之中,细胞分裂中期的染色体形态是最典型的,常用于染色体研究和临床上染色体病的诊断。

每条中期染色体均由两条染色单体组成,两条染色单体在着丝粒处相连。着丝粒将染色体纵向分为两个臂,即短臂(p)和长臂(q),两臂末端均有端粒,有的染色体上有次缢痕或随体(图 3-14)。

同一染色体上的两条染色单体互称姐妹染色单体,它们各含有一个 DNA。由于着丝粒区浅染

内缢,故又称主缢痕。着丝粒区是纺锤丝附着处,它与细胞分裂过程中染色体的运动密切相关。

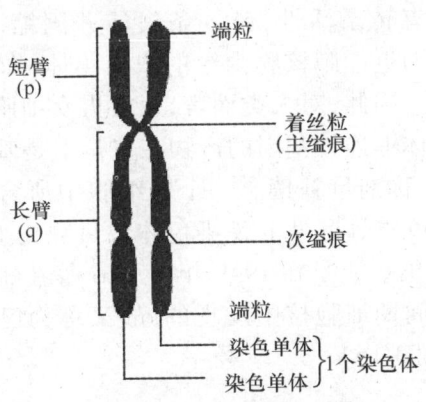

图3-14 染色体形态结构模式图

染色体两臂末端均有一特化结构,称为端粒。端粒是染色体臂末端必不可少的结构,在维持染色体稳定性和完整性方面起重要作用。除主缢痕外,在某些染色体的长臂或短臂上存在浅染缢缩部位,称为次缢痕或称副缢痕。有些染色体的短臂末端有球状结构,称为随体。随体的有无亦是染色体分类的依据之一。次级缢痕与核仁的形成有关,被称为核仁形成区或核仁组织区。

(二) 人类染色体的类型

根据着丝粒的位置不同,人类染色体可分为3种类型(图3-15):

1. 中央着丝粒染色体,着丝粒位于染色体纵轴的1/2~5/8处。
2. 亚中着丝粒染色体,着丝粒位于染色体纵轴的5/8~7/8处。

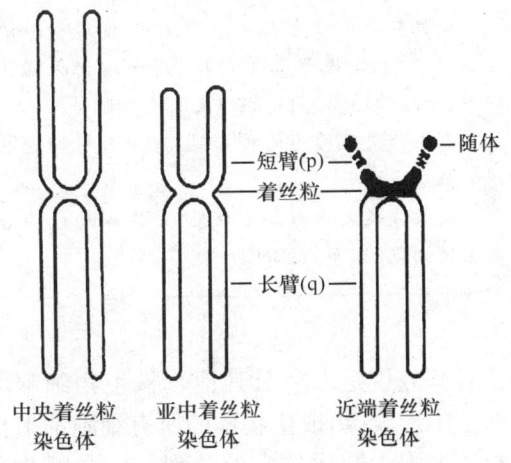

图3-15 人类染色体的类型

3. 近端着丝粒染色体,着丝粒位于染色体7/8~末端。

某些近端着丝粒染色体短臂的末端常常连着随体。另外在某些动物中,染色体还存在着一种特殊的类型,即端着丝粒染色体,其着丝粒位于染色体顶端,而人类没有真正意义上的端着丝粒染色体。

(三) 人类染色体的数目

人类体细胞中染色体的数目为23对、46条,其中22对为常染色体,一对为性染色体。男性的性染色体为1条X染色体和1条Y染色体,女性的性染色体为2条X染色体。

正常的生殖细胞中染色体的数目为23条。卵细胞中为22条常染色体和1条X染色体;精子有两种情况,一种类型的精子含22条常染色体和1条X染色体,另一种类型的精子有22条常染色体和1条Y染色体。

不容小视的X染色体和Y染色体

染色体研究是临床遗传学研究的基础。测序结果表明X染色体包涵多达1100种基因,与之相关的疾病也有百余种,如脆性X综合征、抗维生素D佝偻病、血友病等。看来这条染色体绝不容小视!

X染色体对应的另一半就是Y染色体。人类Y染色体的测序工作已经完成,发现它并没有人们之前想象的那样脆弱。Y染色体上有一个"睾丸"决定基因,对性别决定至关重要。目前已经知道的与Y染色体有关的疾病有十几种。

二、性染色质

性染色质(sex chromatin)存在于间期细胞核中,人类的性染色质有X染色质和Y染色质两种。细胞核中染色质的性别差异叫核性别。进行间期细胞核中X染色质和Y染色

案例3-2

患者外观女性,身材矮小,面容呆板,智力稍低,上颌窄,下颌小且内缩,后发际低,乳头和乳腺发育差,原发闭经,子宫发育不全。通过检查发现其X染色质数为1,没发现Y染色质。

问题:该患者有几个X染色质?

质检查,可以用来进行必要的胎儿性别早期鉴定,也可用于性染色体数目异常疾病的诊断。

(一) X 染色质

男女体内细胞中,常染色体的组成都是相同的,只有性染色体组成不同。女性有 2 条 X 染色体,而男性只有一条 X 染色体。因此,位于 X 染色体上的基因在男女体细胞中必然存在数量差异。那么,这些基因的产物是否也存在数量的差异呢?

对此,1961 年,Mary Lyon 提出了 X 染色体失活的假说,即 Lyon 假说。其要点如下:

(1) 正常女性的两条 X 染色体中,只有一条有转录活性,另一条失活并固缩,形成一个贴近细胞核膜内缘的浓染小体,即 X 染色质。因此,对人类而言,正常男女细胞中 X 染色体上连锁基因的产物在数量上是基本相等的,称剂量补偿。一个体细胞中所含有的 X 染色质数目等于 X 染色体数目减去 1。由于 X 染色质是在 1949 年由 Barr 等在雌猫神经元间期细胞核中发现的,故又称为巴氏小体(图 3-16)。

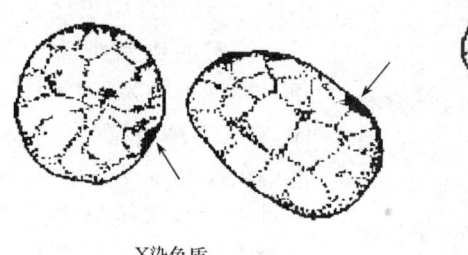
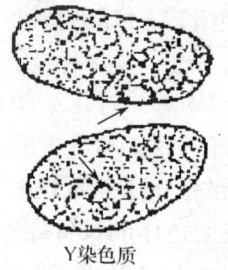

X染色质　　　　　　Y染色质

图 3-16　性染色质

(2) X 染色体失活发生在胚胎发育早期。在人类,大约在妊娠第 16 天时发生。

(3) X 染色体的失活是随机的,失活的 X 染色体既可来自父亲也可来自母亲。但是,一旦某一特定的细胞内的一个 X 染色体失活,由该细胞繁衍而来的子细胞都具有同一条失活的 X 染色体。

凡是具有 X 染色质的现象称为 X 染色质阳性,否则称为阴性。正常女性是 1 个 X 染色质阳性,Y 染色质阴性。正常男性是 1 个 Y 染色质阳性,X 染色质阴性。

(二) Y 染色质

正常男性的间期细胞,若用荧光染料染色后,在细胞核内可见一个圆形或椭圆形的荧光小体,直径约为 0.3μm,称为 Y 染色质(图 3-16)。Y 染色质为男性细胞所特有,在正常男性的口腔黏膜上皮细胞中,Y 染色质的阳性率大约为 70%。正常男性细胞中 Y 染色质数与 Y 染色体数相等,间期细胞核中只有 1 个 Y 染色质。而 XYY 综合征患者,其间期细胞核中有 2 个 Y 染色质。

第 3 节　有丝分裂

> **细胞分裂的类型**
>
> 细胞各组成部分在不断发展变化的基础上还要不断增殖,产生新细胞,以代替衰老、死亡和创伤所损失的细胞,这是机体新陈代谢的表现,也是机体不断生长发育、赖以生存和延续种族的基础。细胞分裂可分为无丝分裂、有丝分裂和减数分裂三种类型。
>
> 无丝分裂又称为直接分裂,不仅发现于原核生物,同时也发现于高等动植物,如植物的胚乳细胞、动物的胎膜,间充组织及肌肉细胞等。
>
> 有丝分裂又称为间接分裂,它是真核细胞增殖的基本方式。
>
> 减数分裂又称为成熟分裂,是高等动植物形成生殖细胞(配子)的分裂方式。

有丝分裂是人类及其他真核生物细胞增殖的基本形式,组成生物体的所有细胞都来自受精卵细胞无数次的有丝分裂。一个婴儿大

约有 2×10^{12} 个细胞,生长发育至成年,细胞数量可达 6×10^{13} 个;临床上创伤的修复、伤口的愈合均是细胞分裂增殖补充的结果。细胞以分裂的方式进行增殖,每次分裂后所产生的新细胞必须经过生长增大,才能再分裂。

细胞分裂具有周期性,细胞从上一次有丝分裂结束开始到下一次有丝分裂结束为止的过程称为细胞周期(cell cycle)。细胞周期包括间期和分裂期。间期分为 G_1、S 和 G_2 期;分裂期包括前期、中期、后期和末期(图3-17)。

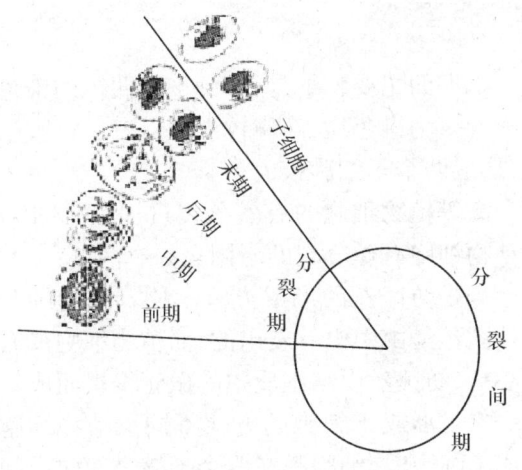

图3-17 细胞周期

肿瘤细胞的增殖周期也可分为 G_1、S、G_2、M 四个时期。目前,人们试图在肿瘤细胞增殖周期的不同阶段,采取不同的治疗措施。例如,用放射线治疗某些肿瘤,就是利用放射线破坏癌细胞DNA的结构与合成,从而抑制癌细胞的增殖过程,达到治疗效果;药物秋水仙碱等则可阻止纺锤体的形成,从而抑制癌细胞的分裂。因此,有关细胞增殖的理论和知识,对医药临床实践具有重要的指导意义。

一、间　　期

间期(mitosis interphase)是真核细胞在细胞周期中,由上次细胞分裂结束到下次细胞分裂开始的持续时间。间期细胞进行旺盛的物质合成,体积增大,是细胞进入有丝分裂期的重要准备阶段。间期可划分为: G_1、S、G_2 三个时期。

(一) G_1 期(DNA合成前期)

G_1 期指从上一次细胞分裂完成至DNA合成开始的时期,此期内主要进行RNA和蛋白质合成,G_1 期为细胞进入S期做物质准备。G_1 是推进细胞周期的关键时刻,也是药物等因素作用于细胞的一个敏感点,此时用某些药物,可抑制细胞由 G_1 期进入S期。各类细胞的 G_1 期所需时间差异非常大,有的细胞历时数小时至数日,有的甚至数月,细胞周期的长短主要决定于 G_1 期持续的时间。

进入 G_1 期的细胞,可有三种情况:

1. 不再继续增殖　永远停留在 G_1 期直至死亡,如表皮角质化细胞、红细胞等。

2. 暂时不增殖　如肝、肾细胞,它们平时保持分化状态,执行肝、肾功能,停留在 G_1 期,如肝、肾受到损伤或细胞大量死亡需要补充时,它们又进入增殖周期的轨道。这些细胞又可称为 G_0 期细胞。有人认为 G_0 期细胞较不活跃,对药物的反应也不敏感。

3. 继续进行增殖　例如:骨髓造血细胞、胃肠道黏膜细胞等。

> **组成肿瘤组织的3种细胞**
>
> 肿瘤细胞表现为不受约束而无限增殖。组成肿瘤组织的细胞有3种:
>
> **1. 增殖细胞群**　是指处于增殖周期并不断按指数进行分裂增殖的细胞,肿瘤组织中增殖细胞群比较多,所以肿瘤组织的生长迅速。肿瘤组织增长越迅速,对药物越敏感,化疗效果好,如急性白血病;反之,肿瘤组织增长缓慢,对药物的敏感性较低,化疗效果较差,如多数的实体瘤。
>
> **2. 静止细胞群**(G_0 期细胞)　这类细胞具有潜在的增殖能力,暂不进行增殖,是后备细胞。当增殖细胞群的细胞因化疗、放疗或其他因素而大量死亡时,G_0 期细胞即可进入增殖周期进行增殖,因此 G_0 期细胞是肿瘤复发的根源。同时 G_0 期细胞也是肿瘤化疗中的主要障碍,因为,这部分细胞对化疗药物不敏感。
>
> **3. 无增殖能力细胞群**　这类细胞没有增殖能力,无法进行分裂增殖,最后老化死亡。

(二) S期(DNA合成期)

S期主要是进行DNA复制、组蛋白和非组蛋白的合成。在DNA复制完成时,细胞中DNA含量增加一倍,故每条染色质由2个DNA分子组成。临床上治疗肿瘤的有些化疗药物专门作用于S期,阻断肿瘤细胞DNA合成,以达到治疗的目的。

(三) G_2期(DNA合成后期)

G_2期指从DNA复制结束到有丝分裂开始的时期,主要进行RNA和蛋白质合成,为细胞分裂准备物质条件。G_2期持续时间较短,约2~4小时。临床上一些化疗药物对G_2期的肿瘤细胞也有一定疗效。

间期细胞经过G_1、S、G_2期,已做好了进行有丝分裂所需的物质准备,遗传物质DNA分子已复制加倍,即染色质已增加1倍,这时细胞增殖便由间期进入分裂期。

二、分裂期(M期)

分裂期的主要特征是形成纺锤体,染色质螺旋卷曲凝集成染色体,将已复制的遗传物质平均分配到2个子细胞中去,使子细胞、母细胞以及子细胞之间遗传物质保持一致,从而保证遗传的连续性和稳定性。

分裂期是一个连续动态变化的过程,根据染色体的变化,将其人为地分为前期、中期、后期和末期四个时期。下面以动物细胞有丝分裂为例来介绍各时期的主要特征(图3-18)。

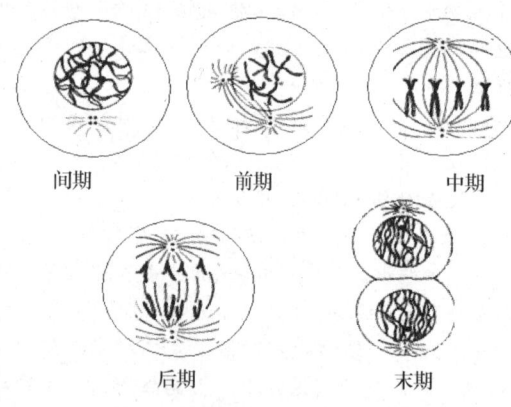

图3-18 动物细胞有丝分裂示意图

(一) 前期

前期的主要特征是:细胞核膨大;染色质螺旋化缩短变粗形成染色体,此时,每条染色体由2条染色单体构成;中心粒复制移向细胞两极,向四周发出纺锤丝形成纺锤体;核膜、核仁消失。

(二) 中期

中期的主要特征是:染色体排列在细胞中央的赤道面上。此时,染色体达到最大的浓缩状态,结构最典型,是观察染色体最清楚的时期。临床上一些抗癌化疗药物如长春新碱、秋水仙碱等可抑制纺锤体形成,使细胞分裂停止在中期而不继续分化,达到治疗的目的。

(三) 后期

后期的主要特征是:每条染色体的着丝粒一分为二,两条染色单体互相分开,各自成为独立的、结构相同的染色体,两组染色体分别移向细胞两极。

(四) 末期

末期的主要特征是:移到细胞两极的染色体解旋变为染色质;纺锤体消失;核仁、核膜出现,形成两个子细胞核。

高等植物细胞的有丝分裂过程(图3-19)与动物细胞有丝分裂的不同之处有两点:

一是纺锤丝的形成方式不同。动物细胞的纺锤丝是由中心粒发出的,而植物细胞没有中心粒,纺锤丝由细胞质中的微管聚集而成。

二是形成子细胞的方式不同。动物细胞形成子细胞时,细胞膜在两个子核之间向中间凹陷,把原来的细胞分隔成两个子细胞;而植物细胞是在两个子核之间形成膜体,进而形成细胞壁,分隔成两个子细胞。

综上所述,有丝分裂的特征是:染色体复制1次,细胞分裂1次,遗传物质平均分配给2个子细胞。其重要意义是:使子细胞间与母细胞的遗传物质保持一致,保证了机体各细胞间染色体形态、结构和数目的相对恒定,即保证了遗传的连续性和稳定性。

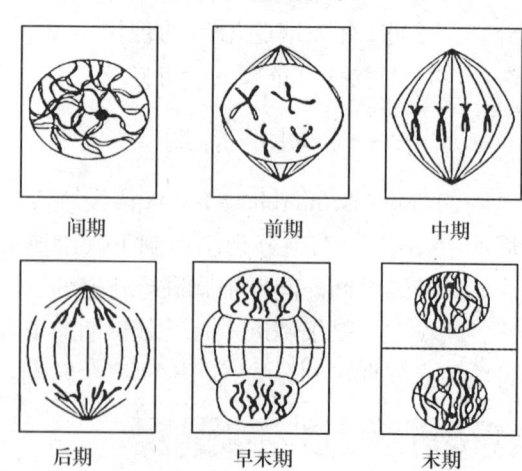

图3-19 植物细胞有丝分裂示意图

第4节 减数分裂与配子发生

> **为什么"一母生九子,九子各不同?"**
>
> 以正常女性为例:卵原细胞有46条(23对)染色体,形成卵细胞时23对染色体经减数分裂随机组合,可形成2^{23}(8388608)种卵细胞。同样正常男性也可形成2^{23}种精子。这样精、卵两种细胞结合的机会就为$1/2^{23} \times 1/2^{23}$,因此,同一对夫妇所生的孩子遗传物质相同的可能性几乎为零! 所以,"一母生九子,九子各不同?"

一、减数分裂的概念

减数分裂(meiosis)指有性繁殖过程中,生殖细胞在成熟阶段发生的一种特殊的有丝分裂,故又称为成熟分裂。基本特征是染色体复制一次而细胞连续分裂两次,结果1个母细胞产生了4个子细胞,每个子细胞的染色体数为母细胞的一半,因此称为减数分裂。

二、减数分裂的过程

减数分裂包括两次连续的分裂过程(图3-20),即减数第一次分裂和减数第二次分裂。

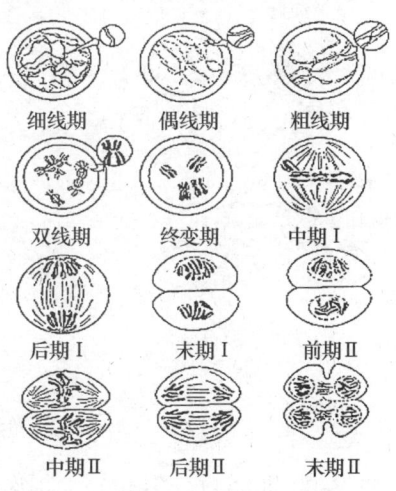

图3-20 减数分裂过程示意图

(一)减数第一次分裂(减Ⅰ)

1. 间期Ⅰ 此期中每个染色单体精确地复制,并为细胞分裂做其他物质准备。

2. 前期Ⅰ 过程复杂,历时较长又可分为5个时期。

(1)细线期:在此期之前DNA复制已基本完成,细胞核中染色体呈双股(即由2条染色单体构成)细线状,但光镜下不能识别。

(2)偶线期:此期中每条染色体含两条染色单体,称二分体;同源染色体靠近配对称为联会(synapsis)。联会的结果是每对联会在一起的同源染色体形成一个二价体(bivalent)。同源染色体是指形态结构、大小相同的一对染色体,其中一条来自父亲,一条来自母亲。联会是减数分裂特有的现象,它是同源非姐妹染色单体之间发生交换的必要条件。

(3)粗线期:染色体缩短变粗,此时的二价体由4条染色单体组成,称为四分体。同源染色体中的非姐妹染色单体之间发生交叉,交叉后染色体之间交换部分片段,称为交换。

(4)双线期:二价体进一步螺旋化而缩短增粗,联会复合体解体,联会的同源染色体互相排斥发生分离,交叉点逐渐向染色体的末端移动称交叉端化,只在交叉点相连,由此可知,交叉点的位置并不是染色体交换的位置。

(5)终变期:染色体变得更短更粗,交叉继续端化而数目减少,核仁、核膜消失,纺锤体开始形成。

3. 中期Ⅰ 各四分体排列在细胞中央的赤道面上,纺锤丝与二价体着丝粒相连,同源染色体的着丝粒朝向两极,此期二价体仍可见交叉联系。

4. 后期Ⅰ 由于纺锤丝牵引,每对同源染色体彼此分离,分别移向细胞两极。当同源染色体分离并移向细胞两极的同时,非同源染色体之间互相独立,即可随机组合移向细胞两极。

5. 末期Ⅰ 各二分体移至细胞两极后,染色体解旋,伸展恢复成染色质状态,核膜、核仁重新形成,同时胞质分裂,形成2个子细胞。结果经过第一次减数分裂,成对的同源染色体分离,分别进入不同的子细胞。分裂后所形成的子细胞中,染色体减少了一半。

(二)减数第二次分裂(减Ⅱ)

第一次减数分裂结束后,即进入减数分裂间期(间期Ⅱ),此期很短,不复制DNA,随即进入减数第二次分裂;减数第二次分裂的过程与普通有丝分裂相似,不同的是细胞中只有单倍的染色体数。

1. 前期Ⅱ 核仁、核膜消失，染色质缩短变粗形成染色体，纺锤体形成。

2. 中期Ⅱ 染色体排列在细胞中央的赤道面上。

3. 后期Ⅱ 着丝粒纵裂，每条染色体中的两条单体分开形成2个染色体。

4. 末期Ⅱ 移到细胞两极的染色体解旋变为染色质，纺锤体消失，核仁、核膜出现，形成2个细胞核，细胞膜自中部内陷，细胞质一分为二，最终形成4个子细胞。

（三）减数分裂的结果

1. 细胞数目的变化 $1 \xrightarrow{减数分裂Ⅰ} 2 \xrightarrow{减数分裂Ⅱ} 4$

2. 染色体数目的变化 $2n \xrightarrow{减数分裂Ⅰ} n \xrightarrow{减数分裂Ⅱ} n$

三、减数分裂的意义

（一）保证人类染色体数目在遗传中的恒定

精子和卵子的成熟过程即为减数分裂，细胞连续分裂2次，而染色体（即DNA）只复制了1次，所形成的精子和卵细胞染色体减半为23条；精子和卵子结合形成受精卵，受精卵又恢复为46条染色体，从而使人类染色体数目代代相同。

（二）是遗传学规律的细胞学基础

减数分裂中同源染色体分离，是孟德尔分离定律的细胞学基础；非同源染色体的随机组合，是孟德尔自由组合定律的细胞学基础；同源染色体中非姐妹染色单体的交换是摩尔根连锁互换规律的细胞学基础。

（三）是遗传复杂性的细胞学基础

不同对染色体随机组合进入1个生殖细胞，使生殖细胞中染色体构成呈现多样化，从而表现出人类遗传和变异的多样性。

四、配子发生

配子发生是精子和卵子的形成过程（图3-21）。

（一）精子的发生

精子由男性睾丸的曲细精管上皮中的精原细胞发育而成。精原细胞核中具有46条

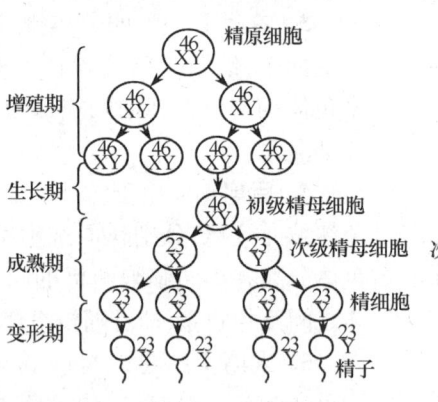
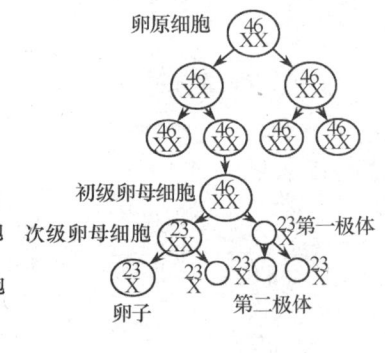

图3-21 精子和卵子的形成过程

（23对）染色体，称为二倍体（2n）。精子发生经历4个时期。

1. 增殖期 青春期性成熟后精原细胞（46条染色体）不断进行有丝分裂而增殖。

2. 生长期 精原细胞经多次增殖后，一部分精原细胞继续增殖，另一部分精原细胞进入生长期。这时细胞体积增大成为初级精母细胞，染色体数仍为46条。

3. 成熟期（即减数分裂期） 初级精母细胞进行连续的成熟分裂即减数分裂。经减数第一次分裂后形成染色体减半（23条）的次级精母细胞，核型为23,X和23,Y。次级精母细胞经过减数第二次分裂后形成4个精细胞，核型为23,X和23,Y。

4. 变形期 精细胞经过形态变化形成蝌蚪状、能运动的精子。

(二) 卵的发生

卵由女性卵巢生殖上皮细胞中的卵原细胞发育而成。卵原细胞有46条(23对)染色体,是二倍体($2n$)细胞。卵子发生经历3个时期。

1. 增殖期 卵原细胞的增殖发生在胚胎发育早期的卵巢中。卵原细胞经多次有丝分裂而增殖形成数目众多的卵原细胞。

2. 生长期 此期历时较长,卵原细胞内由于积累了大量卵黄、RNA和蛋白质等营养物,使得卵原细胞体积明显增大而成为初级卵母细胞,染色体仍为二倍体,即46条染色体。

3. 成熟期(即减数分裂期) 初级卵母细胞经减数第一次分裂后,形成2个细胞,体积大的细胞称为次级卵母细胞,体积很小的一个细胞称为第一极体,染色体数目均为23条;经过减数第二次分裂后次级卵母细胞分裂为1个体积大的卵细胞和1个体积小的第二极体,第一极体分裂为2个第二极体。结果1个初级卵母细胞形成1个卵细胞和3个第二极体,极体因细胞质少,不发育而退化、消失。

真核细胞的基本结构包括细胞膜、细胞质和细胞核。

染色体是细胞分裂过程中,由染色质通过螺旋化凝缩而来。有丝分裂中期的染色体形态最典型,常用于染色体研究和临床染色体病的诊断。人类染色体依着丝粒位置不同分为中央着丝粒染色体、亚中着丝粒染色体和近端着丝粒染色体3种类型。

有丝分裂是真核细胞增殖的基本形式。染色体复制1次,细胞分裂1次,遗传物质平均分配给2个子细胞,使子细胞间与母细胞的遗传物质保持一致,保证了机体各细胞间染色体形态、结构和数目的相对恒定,即保证了遗传的连续性和稳定性。

减数分裂是在生殖细胞形成过程中的一种特殊有丝分裂。染色体复制1次,细胞连续分裂2次,所形成的生殖细胞中染色体数目减半。减数分裂是遗传规律的细胞学基础。

小 结

目 标 检 测

一、名词解释
1. 生物膜 2. 染色体 3. 细胞周期 4. 有丝分裂
5. 减数分裂

二、填空题
1. 染色质的基本结构单位是_____。
2. 列举五种细胞器如下_____、_____、
_____、_____。
3. 生物膜包括_____和_____。
4. 线粒体称为_____。
5. 人类正常染色体数目为_____条;正常男性核型写作_____,正常女性核型写作_____。
6. 每条染色体均由2条染色单体组成,互称为_____。
7. 人类染色体可分为3种类型,分别为_____、_____、_____。

三、单项选择题
1. 细胞内的动力工厂指的是 ( )。
   A. 线粒体 B. 高尔基体
   C. 溶酶体 D. 内质网
2. 蛋白质合成运输的通道指的是 ( )。
   A. 线粒体 B. 高尔基体
   C. 溶酶体 D. 内质网
3. 有丝分裂前期的正常人体细胞含( )条染色体。
   A. 23 B. 46 C. 92 D. 22
4. 同源染色体联会发生在 ( )。
   A. 有丝分裂前期 B. 有丝分裂中期
   C. 减数分裂前期Ⅰ D. 减数分裂中期Ⅱ
5. 一个次级精母细胞含( )条染色体。
   A. 23 B. 46 C. 92 D. 22
6. 果蝇的体细胞有8条染色体,它的初级卵母细胞,次级卵母细胞和卵子的染色体数分别是 ( )。
   A. 8;8;2 B. 16;8;4
   C. 16;8;8 D. 8;4;4
7. 正常情况下,高等动物成对染色体存在于( )。
   A. 配子 B. 卵子
   C. 初级卵母细胞 D. 次级卵母细胞
8. 一个初级卵母细胞经过成熟分裂形成 ( )。
   A. 4个卵子 B. 2个卵子和2个极体
   C. 3个卵子和1个极体 D. 1个卵子和3个第二极体
9. 卵原细胞经过有丝分裂增殖形成的子细胞是 ( )。
   A. 初级卵母细胞 B. 次级卵母细胞
   C. 卵原细胞 D. 卵子
10. 有丝分裂末期的正常人体细胞含( )条染色体。
    A. 23 B. 46
    C. 92 D. 22

四、简答题
1. 简述细胞的基本结构及重要细胞器的结构与功能。
2. 染色质和染色体有什么关系?
3. 有丝分裂各个时期的特点及生物学意义是什么?
4. 减数分裂各个时期的特点及生物学意义是什么?
5. 简述精子和卵子发生过程及染色体数目的变化特点。

第 4 章 遗传的基本规律

学习目标
1. 说出遗传学的常用术语
2. 叙述并能解释遗传学三大基本规律的实验现象
3. 说出三大规律的内容、细胞学基础、实质和适用范围
4. 会运用三大规律解释遗传现象

生物体通过遗传物质将自身性状传给子代,使子代产生与亲代相似的性状,这就是遗传。那么人们是如何研究遗传现象的?得出了哪些规律呢?

生物的遗传变异现象是通过具体的性状被人们所认识的。控制遗传性状的基因在亲代与子代之间传递有三条遗传规律,即分离规律、自由组合规律和连锁与互换规律。前两条规律是由遗传学奠基人——孟德尔(G. J. Mendel,1822~1884)(图4-1)通过采用严谨的科学方法,进行了8年的豌豆杂交实验后总结出来的,故又称为孟德尔规律;后一条规律是美国遗传学家摩尔根(T. H. Morgan,1866~1945)和他的学生在孟德尔规律的基础上,进行果蝇杂交实验时发现的,故又称为摩尔根规律,这三条规律被称为遗传学的三大基本规律。人们发现,遗传学的三大规律不仅适用于生物界,同样也适用于人类正常性状和遗传病的遗传。

第 1 节 分离规律

豌豆是自花授粉、闭花受精的植物,受精不受外界干扰,能使性状保持稳定。因此,孟德尔选用豌豆作为实验材料,以7对容易区别又稳定的性状作为研究对象,进行实验观察。经过对实验结果进行统计学处理和分析,总结出了遗传学的两条基本规律。

在学习遗传学规律之前,需首先了解遗传学中常用的术语及符号。

一、遗传学常用术语及符号

(一)遗传学常用术语

1. 性状 性状指生物体所具有的形态结构和生理特征。例如,豌豆种子的形状、茎的高度、子叶的颜色;人的身高、体重、肤色等都是性状。

2. 相对性状 同一类性状的相对差异称为相对性状。例如,对豌豆种子的形状这一性状来说,圆滑与皱缩是一对相对性状;对人的身高这一性状来说,高个与矮个是一对

经典遗传学之父——孟德尔

孟德尔(图4-1),奥地利布尔诺(Brunn)修道院修道士,受格特纳、翁格尔的思想影响,对植物杂交和遗传现象兴趣浓厚,热心研究生物变种探求解决物种起源问题。

1856年,他选择豌豆作为研究对象进行杂交实验,把工作限于彼此间差异明显的单个性状的遗传过程,采用种群分析法,使实验结果便于统计分析。

图4-1 孟德尔

经过8年研究,孟德尔于1865年2月8日和3月8日两次在布尔诺自然科学协会上报告了他的研究结果。实验论文《植物杂交的实验》发表在1866年《布尔诺自然科学协会会刊》第4卷。

孟德尔的实验结果及假设表明,决定某一相对性状的成对遗传因子在个体内各自独立存在、互不干涉、不相融合。其主要研究结果可概括为分离规律和自由组合规律,创立了经典遗传学,开创了植物杂交与遗传学发展的新纪元。

相对性状等。

人类的一些相对性状

双眼皮与单眼皮、有耳垂与无耳垂、能卷舌与不能卷舌、右癖子与左癖子、湿耳垢与干耳垢、褐色虹膜与蓝色虹膜、长睫毛与短睫毛、有腋臭与无腋臭、顺时针顶发旋与逆时针顶发旋等。

3. 显性性状 杂合状态下能表现出来的亲本性状称为显性性状。例如，豌豆种子的圆滑是显性性状。

4. 隐性性状 杂合状态下不能表现出来的亲本性状称为隐性性状。例如，豌豆种子的皱缩是隐性性状。

5. 显性基因 控制显性性状的基因称为显性基因，通常用大写英文字母来表示，如 A、B、C 等。

6. 隐性基因 控制隐性性状的基因称为隐性基因，通常用小写英文字母来表示，如 a、b、c 等。

7. 性状分离 亲代的一对相对性状在子二代的不同个体中可分别表现出来的现象称为性状分离。

8. 亲本 参与杂交过程的雄性和雌性个体统称为亲本。

9. 表现型 生物个体所表现出来的、能够观察到的性状称为表现型，简称表型，通常用文字来说明，如豌豆种子的圆滑、皱缩。

10. 基因型 控制生物性状的基因组成称为基因型，通常用英文字母表示。体细胞中的有关基因组成代表着该个体的基因型。例如，用 RR 表示圆滑亲本的基因型，rr 表示皱缩亲本的基因型，则 Rr 是子一代圆滑个体的基因型。

11. 纯合体 一对基因彼此相同的个体称为纯合体。例如，基因型 RR、rr 的个体。

12. 杂合体 一对基因彼此不同的个体称为杂合体。例如，基因型为 Rr 的个体。

13. 等位基因 一对同源染色体上位置相同并且控制相对性状的一对基因称为等位基因，通常用英文的大小写字母来表示。例如，基因 A 与 a、B 与 b 为等位基因。

14. 测交（回交） 用杂合体与纯合隐性亲本进行杂交以检测杂合体基因型的方法称为测交。

（二）遗传学常用符号

遗传学中常用的符号见图 4-2。

P——亲本　　　　　×——杂交
F_1——子一代　　　⊗——自交
F_2——子二代　　　♂——雄性个体
G——生殖细胞（配子）　♀——雌性个体

图 4-2　遗传学常用符号

二、一对相对性状的豌豆杂交实验

孟德尔首先对豌豆种子形状的圆滑和皱缩这一对相对性状进行了杂交实验。他将豌豆去掉雄蕊或雌蕊，然后进行人工授粉。用纯种圆滑豌豆和纯种皱缩豌豆作为亲本（P）进行杂交：子一代（F_1）都是圆滑豌豆；子一代自花授粉所得的种子为子二代（F_2），共有 7324 粒，有圆滑种子，也有皱缩种子，它们的比值是 5474∶1850，接近于 3∶1（图 4-3）。孟德尔共选用了 7 对相对性状进行植株杂交，均得出有规律的共同现象：F_1 只出现一个亲本性状，F_2 出现性状分离，而且显性性状与隐性性状的数目比例约为 3∶1，非常有规律（表 4-1）。

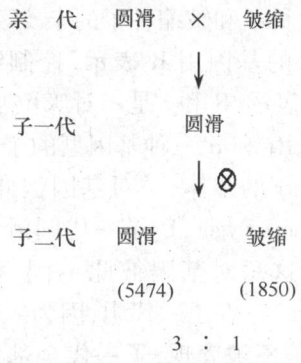

图 4-3　一对相对性状的豌豆杂交实验示意图

表 4-1　豌豆一对相对性状杂交结果

性状类别	亲代相对性状	子一代性状表现	子二代性状表现及数目比率
子叶颜色	黄色绿色	黄色	黄 6022 绿 2001（3.01∶1）
种皮颜色	灰色白色	灰色	灰 705 白 224（3.15∶1）
豆荚形状	膨大皱缩	膨大	膨大 882 皱缩 299（2.95∶1）

续表

性状类别	亲代相对性状	子一代性状表现	子二代性状表现及数目比率
花的位置	腋生顶生	腋生	腋651 顶207(3.14:1)
茎的高度	高茎矮茎	高茎	高787 矮277(2.84:1)
种子形状	圆滑皱缩	圆滑	圆5474 皱1850(2.96:1)
未成熟豆荚颜色	绿色黄色	绿色	绿428 黄152(2.82:1)

三、对杂交实验的遗传分析

根据实验结果,孟德尔提出如下假设来解释性状分离现象:

(1) 遗传性状是由遗传因子控制的,每种生物有许多性状,因此每种生物有许多遗传因子。

(2) 生物的一对性状由两个遗传因子控制,分别来自父本和母本。

(3) 在形成生殖细胞时,成对的遗传因子相互分离,使配子细胞中只得到成对因子中的一个。配子随机结合成合子,遗传因子又恢复到成对状态,遗传因子各自独立、互不混杂,而对性状发育却相互影响,表现出显性、隐性关系。

(4) 控制显性性状和隐性性状的遗传因子,分别称为显性遗传因子和隐性遗传因子。

1909年,丹麦遗传学家约翰逊把孟德尔的遗传因子改称为基因(gene)。通常用大写字母表示显性基因,用小写字母表示隐性基因。像豌豆种子圆滑和皱缩这对可观察的性状,称为表现型(phenotype),与之有关的遗传组成称为基因型(genotype)。位于一对同源染色体上、同一位点的不同形式的基因称等位基因(allele),等位基因控制相对性状的发育。

在圆滑种子和皱缩种子的杂交实验中,控制圆滑性状的基因用R表示,控制皱缩性状的基因用r表示,R和r是一对等位基因,由此可构成RR、Rr和rr三种基因型的个体。基因型为RR或rr的个体,一对基因彼此相同,称为纯合体(homozygote);子一代圆滑个体的基因型为Rr,这一对基因彼此不同,称杂合体(heterozygote)。在子一代中,因为r对R是隐性,所以皱缩不被表现,子一代全部为圆滑种子。而子一代在形成配子时R和r彼此分开,产生R或r两种配子,数量相等(1:1),自交时有四种不同组合,其中1/4为RR,表现为圆滑;1/2为Rr,也表现为圆滑;1/4为rr,表现为皱缩。子二代便出现了3:1的比例(图4-4)。

为了验证上述假设,孟德尔设计了测交实验,即用子一代与纯合隐性的亲本杂交。按假

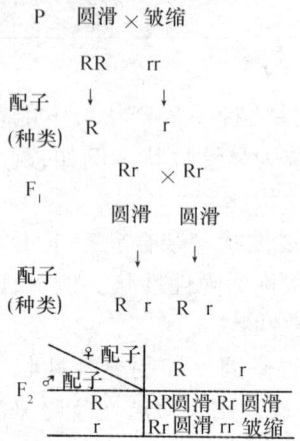

图4-4 一对相对性状的遗传分析图解

设预测,子二代圆滑和皱缩应出现1:1的比例。实验结果和预期的完全符合(图4-5),证实了孟德尔的假说是正确的。

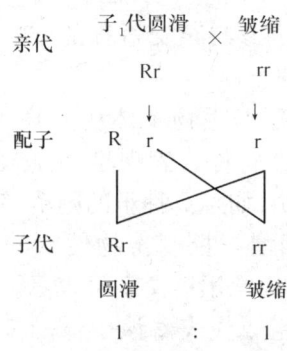

图4-5 测交实验图解

四、分离规律

(一) 分离规律的内容

分离规律(law of segregation)的内容是:生物体在形成生殖细胞(配子)时,成对基因彼此分离,进入不同的生殖细胞,也称为孟德尔第一规律。

(二) 分离规律的细胞学基础和实质

在形成生殖细胞的减数分裂过程中,同源

染色体分离是分离规律的细胞学基础。等位基因分离是分离规律的实质(图4-6)。

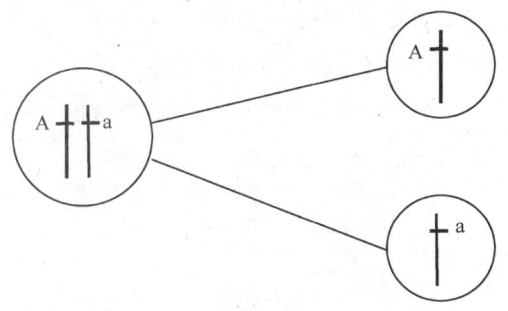

图4-6 分离规律的细胞图解

(三) 分离规律的适用范围

分离规律适用于解释生物体一对相对性状的遗传现象。

在人类,受一对等位基因控制的正常性状以及某种遗传病的遗传都符合分离规律。

我们在日常生产生活中经常会遇到这样的问题:如有两个小麦品种,一个品种是抗倒伏易染锈病,一个品种是易倒伏抗锈病,两个品种各自具有一个优良性状,能不能通过杂交的方式,把这两个品种的优良性状集中在一个个体中出现,得到我们需要的既抗倒伏又抗锈病的优良小麦品种?用什么遗传规律来解释呢?

人的双眼皮是显性性状,假设受A基因控制,单眼皮是隐性性状,则受a基因控制。如果一对夫妇都是双眼皮,他们有可能生出单眼皮的孩子吗?可能性是多少?请写出遗传分析图解。

第 2 节 自由组合规律

孟德尔在研究了一对相对性状遗传现象的基础上,又进一步研究了两对或两对以上相对性状的遗传,提出了自由组合规律(law of independent assortment)。孟德尔采用这种由简单到复杂的科学研究方法,是他取得成功的原因之一。下面,我们看一看孟德尔是如何来做这个实验的。

一、两对相对性状的豌豆杂交实验

子叶的颜色和种子的形状是豌豆的两对性状,子叶的颜色有黄色和绿色之分,种子的形状有圆滑和皱缩之分。

孟德尔选用了具有两对相对性状的、纯种的黄色圆滑种子(简称黄圆)与纯种的绿色皱缩种子(简称绿皱)作为亲本进行杂交实验。结果,无论谁做父本或母本,子一代都是黄色圆滑的豌豆种子。这说明,黄对绿是显性,圆对皱是显性。子一代植株自花授粉,所结的豌豆便是子二代,共获得556粒,分四种类型:黄圆(315粒)、黄皱(101粒)、绿圆(108粒)、绿皱(32粒),它们在数量上的比例约为9:3:3:1(图4-7)。

在子二代的四种表现型中,黄圆和绿皱与亲本的性状相同,称为亲组合;黄皱和绿圆与亲本性状不同,是亲本性状的重新组合,称为新组合,又叫重组合。独立分析每一对性状时,它们的性状分离比均为3:1,都符合分离规律。但是把两对相对性状联系在一起分析,子二代中不仅有亲组合类型,而且还出现亲本没有的重组合类型,同时各表现型之间有一定的数量比,即为9:3:3:1。应该如何解释性状的自由组合现象呢?

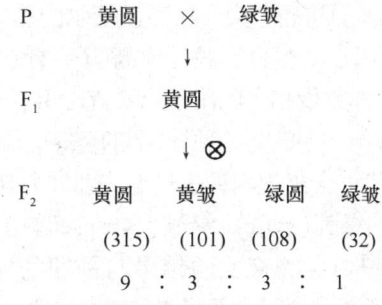

图4-7 两对相对性状的豌豆杂交实验示意图

二、对杂交实验的遗传分析

上述两对相对性状的遗传分别由两对等位基因控制,用Y、y分别表示控制子叶黄色和绿色的基因,用R、r分别表示控制种子圆滑和皱缩的基因。这样,纯种黄圆亲本的基因型为YYRR,纯种绿皱亲本的基因型为yyrr。在这里,基因型中都包含了两对基因。在形成配子时,黄圆亲本(YYRR)只产生一种含YR的配子,绿皱亲本(yyrr)只产生一种含yr的配

子。受精后发育成子一代个体,基因型为YyRr。由于Y对y、R对r为显性,故子一代豌豆表现型全部为黄圆。子一代黄圆豌豆自交后,在形成配子时,按照分离规律,等位基因Y与y、R与r要彼此分离,而非等位基因之间将要按怎样的方式组合到一个配子中去呢? 孟德尔认为,非等位基因之间随机自由组合进入到配子中去,即Y与R、Y与r、y与R、y与r可以组合到一起,这样就形成数量相等的4种类型的配子:YR、Yr、yR、yr。受精时,这4种类型的雌、雄配子随机结合后,子二代就会出现16种组合情况,产生9种基因型和4种表现型(表4-2),表现型呈9:3:3:1的比例,与前面所介绍的实验结果正好吻合(图4-8)。

表4-2 豌豆两对相对性状杂交结果

表现型	数量	分离比	基因型
黄圆	315	9	1/16YYRR、2/16YyRR、2/16YYRr、4/16YyRr
黄皱	101	3	1/16YYrr、2/16Yyrr
绿圆	108	3	1/16yyRR、2/16yyRr
绿皱	32	1	1/16yyrr

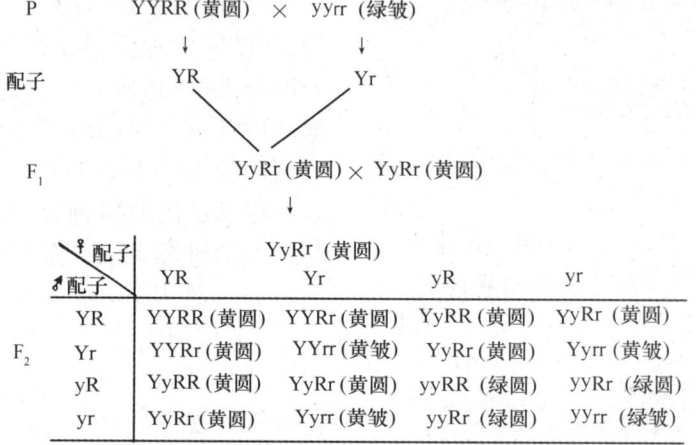

图4-8 两对相对性状的遗传分析图解

为验证自由组合假设的真实性,孟德尔仍然采用测交实验,用子一代黄色圆滑豌豆与双隐性绿色皱缩豌豆进行杂交。按照孟德尔的非等位基因之间可以自由组合的假设预测,子一代(YyRr)将产生4种数量相等的配子,YR、Yr、yR、yr,而绿皱豌豆(yyrr)只产生一种含yr的配子。随机受精后,后代将会出现四种表现型,黄圆(YyRr)、黄皱(Yyrr)、绿圆(yyRr)、绿皱(yyrr),而且其比例应为1:1:1:1。测交实验结果与预期的完全一致,从而证实自由组合假设是正确的(图4-9)。

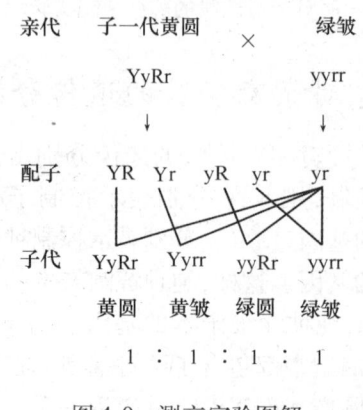

图4-9 测交实验图解

三、自由组合规律

(一)自由组合规律的内容

自由组合规律的内容是:位于非同源染色体上的两对或两对以上基因,在形成生殖细胞时,等位基因彼此分离,非等位基因(即不同对的基因)随机组合进入不同的生殖细胞,也称为孟德尔第二规律。

(二)自由组合规律的细胞学基础和实质

在形成生殖细胞的减数分裂过程中,同源染色体分离,非同源染色体随机组合是自由组合规律的细胞学基础。

等位基因分离,非等位基因随机组合是自由组合规律的实质(图4-10)。

(三)自由组合规律的适用范围

自由组合规律适用于解释生物体的两对或两对以上相对性状的遗传,且控制两对或两对以上相对性状的基因分别位于不同对同源染色体上。

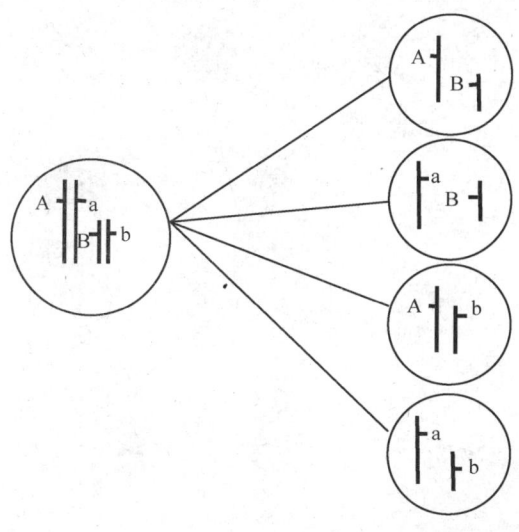

图4-10　自由组合规律的细胞图解

 **案例4-3**

一个家庭中，父亲是短指症患者（短指受显性基因A控制），母亲正常，婚后生了一个白化病患儿（白化病受隐性基因b控制），他们要求再生一个孩子，试问生出正常孩子的可能性多大？请写出遗传图解。

第3节　连锁与互换规律

摩尔根（1866—1945年），美国的生物学家与遗传学家，发现了染色体的遗传机制，创立了染色体遗传理论，是现代实验生物学奠基人（图4-11）。他出生在肯塔基（Kentucky）州的列克星敦（Lexington），先在肯塔基州立学院接受教育，后在约翰·霍普金斯（Johns Hopkins）学院研究胚胎学并获得博士学位。1910年5月，摩尔根的实验室中诞生了一只白眼雄果蝇。摩尔根晚上把它带回家中，放在床边的一只瓶子中，白天把它带回实验室。不久，他使这只果蝇与一只红眼雌果蝇进行交配，下一代果蝇均为红眼果蝇，一共是1240只。后来，摩尔根让一只白眼雌果蝇与一只正常的雄果蝇交配，在后代中得到的雄果蝇一半红眼、一半白眼，而雌果蝇中却没有白眼，全部雌果蝇都长有正常的红眼睛。摩尔根及其同事、学生用果蝇做实验材料，到1925年，共在这个小生物身上发现4对染色体，并鉴定了约100个不同的基因。同时，通过交配实验而确定的连锁程度，可以用来测量染色体上基因间的距离。1911年，他提出了"染色体遗传理论"。果蝇给摩尔根的研究带来如此巨大的成功，以致后来有人说这种果蝇是上帝专门为摩尔根创造的。摩尔根认为，代表生物遗传秘密的基因的确存在于生殖细胞的染色体上。而且，他还发现，基因在每条染色体内是呈直线排列的。染色体可以自由组合，而排在一条染色体上的基因是不能自由组合的，摩尔根把这种特点称为基因的"连锁"。摩尔根在长期的实验中发现，由于同源染色体的断离与结合，产生了基因的互相交换。不过，交换的情况很少，只占1%。摩尔根发现的连锁与互换规律，是遗传的第三条规律。摩尔根于20世纪20年代创立了著名的基因学说，揭示了基因是组成染色体的遗传单位，它能控制遗传性状的发育，也是突变、重组、交换的基本单位。但基因到底是由什么物质组成的？这在当时还是个谜。1933年，摩尔根获得诺贝尔生理学及学奖。

图4-11　摩尔根

科学家的思维

从孟德尔到摩尔根，正是基因概念、性状概念从模糊到明确，从易变到基本确定的历史时期。摩尔根对孟德尔学说的态度大致可分为："拥护—反对—继承并发展"3个阶段，这反映出他的科学思想的易变性，而摩尔根科学思想的易变性又是基因概念、性状概念不确定性的一个折射。通过科学实验，摩尔根的科学思想逐渐从不确定趋于确定，这是摩尔根科学生涯的一大特征。科学家的思维应该是发散的，而实验结果则限制思维的边界，它们使发散的思维向真理的极限点收敛。摩尔根正是这样一位善于思考和实验研究的科学家。

一、连锁与互换的现象及遗传分析

(一) 完全连锁遗传

野生果蝇身体呈灰色，两翅很长。摩尔根等在实验饲养过程中发现其出现了身体呈黑色、残翅的突变型果蝇。他们用野生的灰身长翅（简称灰长）果蝇和黑身残翅（简称黑残）果蝇进行杂交实验，子一代都是灰身长翅的果蝇。这表明，灰身（B）对黑身（b）是显性，长翅（V）对残翅（v）是显性。如果用子一代灰身长翅雄果蝇与黑身残翅雌果蝇进行测交，按照自由组合规律来预测，子二代中应该出现灰身长翅、灰身残翅、黑身长翅、黑身残翅4种表现型的果蝇，而且它们之间的比例应为1∶1∶1∶1。然而，实验结果并非如此，只出现了2种亲组合类型的果蝇，灰身长翅和黑身残翅，数量各占50%，比例为1∶1，这与预期结果相差甚远。

由实验现象推知，子一代雄果蝇形成精子时，非等位基因之间并没有自由组合产生4种精子，而是只形成两种等量的含 BV 和 bv 的精子。怎样解释这一结果呢？摩尔根认为，控制这两对相对性状的两对等位基因位于同一对同源染色体上，基因 B 与 V 位于一条染色体上，基因 b 与 v 位于该同源染色体中的另一条染色体上，在形成配子时，BV 和 bv 只能随各自所在的一条染色体作为一个整体传递，而不能分离和自由组合，只有这样解释就可以与上述实验现象相符合。

按照显隐性关系，亲本灰身长翅的基因型是 BBVV，产生一种含 BV 的配子；亲本黑身残翅的基因型是 bbvv，产生一种含 bv 的配子。受精后子一代个体的基因型为 BbVv，表现型为灰身长翅。当子一代灰身长翅雄果蝇进行减数分裂形成精子时，由于同源染色体联会后彼此分离，所以 BV 和 bv 便随着同源染色体的分离而分开，进入不同的配子中去，形成含 BV 和含 bv 的2种精子，且数量相等。这样，子一代雄果蝇的测交后代必将只有灰身长翅（BbVv）和黑身残翅（bbvv）2种类型的果蝇，比例为1∶1（图4-12）。

摩尔根把位于同一条染色体上的不同基因伴随染色体共同传递的现象称为连锁。如果连锁的基因在减数分裂时没有发生互换，都随该染色体作为一个整体向后代传递，这种连

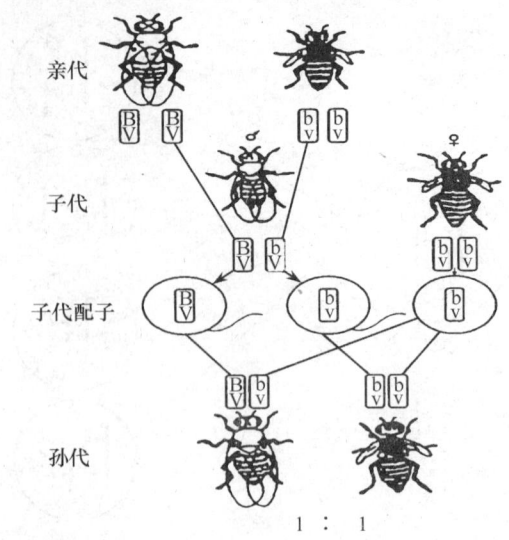

图4-12　果蝇的完全连锁遗传图解

锁就称为完全连锁。完全连锁遗传的特点是杂合子测交后代只有亲组合类型，比例为1∶1。

在生物界，完全连锁遗传的情况很少见，只发现雄果蝇和雌家蚕有此情况，其他生物中普遍存在的是不完全连锁遗传。

(二) 不完全连锁遗传

摩尔根还发现，如果用子一代灰身长翅 BbVv 雌果蝇和黑身残翅 bbvv 雄果蝇进行测交，其后代可出现灰身长翅、黑身残翅、灰身残翅、黑身长翅四种表现型。前两种与亲本性状相同，是亲组合，各占41.5%；后两种是原来亲本没有的性状组合，是重组合，各占8.5%。实验结果既不同于完全连锁遗传，也不符合自由组合规律。

怎样解释上述实验结果呢？摩尔根认为，基因的连锁关系不是绝对的，有时也会发生改变。子一代灰身长翅雌果蝇形成卵子的减数分裂过程中，多数情况连锁基因 BV 和 bv 之间不发生互换，基因 B 和 V、b 和 v 仍保持原有的连锁关系；少数情况下，由于减数分裂过程中同源染色体联会和非姐妹染色单体之间发生片段交换，使连锁基因 BV 和 bv 之间发生互换而导致基因重组，形成 B 和 v、b 和 V 基因间新的连锁关系，结果是形成4种卵子，BV、bv、Bv 和 bV，其中 BV、bv 为亲组合类型的卵子，各占41.5%，Bv、bV 为重组合类型的卵子，各占8.5%。这4种卵子分别与精子 bv 受精后，测交后代就会出现四种基因型和4种

表现型,灰身长翅 BbVv、黑身残翅 bbvv、灰身残翅 Bbvv、黑身长翅 bbVv,且其中亲组合类型果蝇多,占 83%,重组合类型果蝇少,占 17%(图 4-13)。由于发生交换的细胞占少数,所以重组类型也占少数。

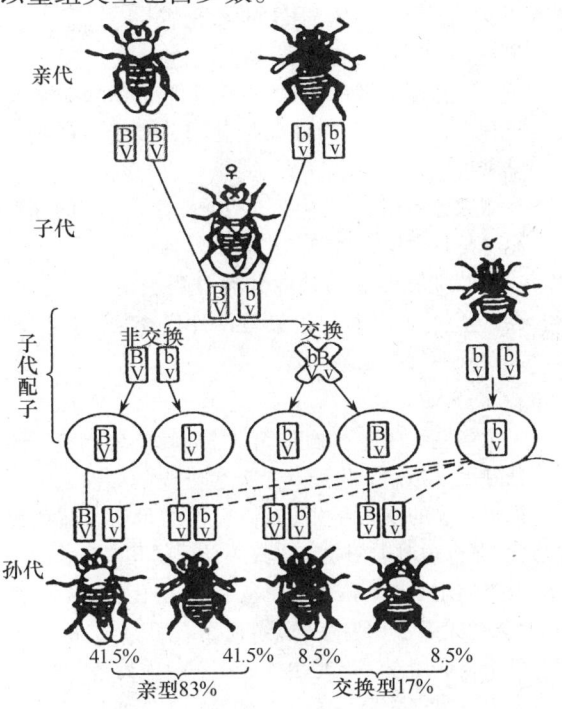

图 4-13　果蝇的不完全连锁遗传

同源染色体上的等位基因之间发生交换,使原来连锁的基因发生变化,构成新的连锁关系,这种现象叫互换。位于同一条染色体上的互相连锁的基因大部分联合传递,仅有一小部分由于等位基因之间发生互换而重组的现象叫不完全连锁遗传。生物界中,大部分生物是不完全连锁。

二、连锁与互换规律

(一) 连锁与互换规律的内容

位于同一条染色体上的不同基因伴随染色体共同传递的现象称为连锁。同源染色体上的等位基因之间发生交换,使原来连锁的基因发生变化,构成新的连锁关系,这种现象叫互换。

(二) 连锁与互换规律的细胞学基础和实质

在形成生殖细胞的减数分裂过程中,同源染色体联会、同源非姐妹染色单体之间发生染色体片段交换是连锁与互换规律的细胞学基础。

同一条染色体上的不同基因共同传递是连锁的实质,同源染色体上的等位基因之间发生交换是互换的实质(图 4-14)。

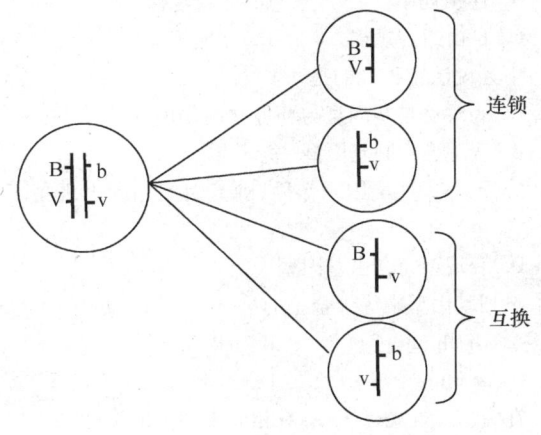

图 4-14　连锁互换规律的细胞图解

(三) 连锁与互换规律的适用范围

连锁与互换规律适用于解释生物体的两对或两对以上相对性状的遗传,且控制两对或两对以上相对性状的基因位于同一对同源染色体上。

分离规律、自由组合规律和连锁与互换规律,被称为遗传学的三大基本规律。不仅适用于生物界,同样也适用于人类正常性状和遗传病的遗传,是分析和解决遗传学实际问题的理论依据,必须深刻理解、真正掌握、熟练运用。

目标检测

一、名词解释

1. 相对性状　2. 等位基因　3. 基因型　4. 表现型
5. 测交　6. 分离规律　7. 自由组合规律　8. 完全连锁

二、单项选择题

1. 隐性性状是指　　　　　　　　　　　　(　　)。
   A. 在杂合子时能表现出的性状
   B. 在杂合子时不能表现出的性状
   C. 在杂合子和纯合子均能表现出的性状
   D. 在杂合子和纯合子均不能表现出的性状

2. 下列性状中,属于相对性状的是　　　　(　　)。
   A. 小麦的高茎和豌豆的矮茎

B. 月季的红花和牡丹的白花
C. 豌豆的高茎和豌豆的矮茎
D. 豌豆的形状和麦粒的形状

3. 一对等位基因的行为符合（　　）。
   A. 连锁规律　　B. 分离规律
   C. 自由组合规律　D. 互换规律

4. 下列说法中正确的是（　　）。
   A. 表现型是基因型与环境共同作用的结果
   B. 表现型相同基因型一定相同
   C. 不考虑环境因素作用，则基因型相同表现型不一定相同
   D. 表现型完全由基因型决定

5. 下列基因型中为纯合子的是（　　）。
   A. Rr 和 Aa　　B. RR 和 Aa
   C. aa 和 rr　　D. aa 和 Rr

6. 在完全显性条件下，具有相同表现型的个体是（　　）。
   A. AaBBCC，AABbCc　B. AaBBCc，aabbcc
   C. AABbCc，AabbCc　D. AABbCc，aabbcc

7. 人类是否卷舌受遗传控制，若卷舌由显性基因 R 控制，不卷舌由 r 控制，那么卷舌的人与不卷舌的人结婚，子女两种性状都有时，这对夫妇的基因型是（　　）。
   A. RR × rr　　B. RR × Rr
   C. Rr × Rr　　D. Rr × rr

8. 某哺乳动物的直毛（B）对卷毛（b）为显性，黑色（C）对白色（c）为显性，这两对基因分别位于不同对的同源染色体上，一个基因型为 BbCc 的个体与个体 X 交配，子代表现型有直毛黑色、直毛白色、卷毛黑色、卷毛白色，且它们之间的比为 3∶3∶1∶1，则个体 X 的基因型为（　　）。
   A. BbCc　　B. Bbcc
   C. bbCc　　D. bbcc

9. 下列基因型中产生配子类型最少的是（　　）。
   A. Aa　　B. AaBb
   C. aaBBFF　D. aaBb

10. 下列各组杂交中，只能产生一种表现型子代的是（　　）。
    A. BBSs × BBSs　B. BbSs × bbSs
    C. BBss × bbSS　D. BbSs × bbss

三、填空题

1. 生物遗传的基本规律包括_____、_____、_____。

2. 下列遗传学常用符号的意思是：P_____、F_1_____、♂_____、♀_____、×_____。

3. _____是基因的载体，在配子形成的减数分裂过程中，_____的分离是基因分离规律的细胞学基础。

4. 在减数分裂时，_____的分离，_____的随机组合是自由组合规律的细胞学基础。

5. 在生殖细胞形成的减数分裂过程中，_____联会、_____之间发生染色体片段交换是连锁与互换规律的细胞学基础。

四、简答题

1. 人类褐色虹膜受显性基因 A 控制，蓝色虹膜受隐性基因 a 控制。假设一个蓝色虹膜的男性与一个褐色虹膜的女性结婚，而该女性的母亲为蓝色虹膜，那么这对夫妇生蓝色虹膜孩子的几率是多少？

2. 人类惯用右手（R）对惯用左手（r）是显性。一个家庭中，父亲惯用左手，母亲惯用右手，他们的一个孩子也惯用左手。写出这一家三口人的基因型。

3. 人类双眼皮受显性基因 B 控制，单眼皮受隐性基因 b 控制，褐色虹膜受显性基因 A 控制，蓝色虹膜受隐性基因 a 控制，两对等位基因分别位于一对同源染色体上。假设一个家庭中双亲的基因型皆为 AaBb，其子女中双眼皮蓝虹膜和单眼皮蓝虹膜各占比例如何？

4. 三对等位基因 Aa、Bb、Cc，分别位于三对不同的同源染色体上，控制三对相对性状。问：AaBbCc 的个体能产生几种配子？请写出配子的基因型。

5. 三对等位基因 Aa、Bb、Cc，假设这三对等位基因中，Aa、Bb 位于一对同源染色体上，Cc 位于另一对同源染色体上，那么基因型为 AaBbCc 的个体，在完全连锁的情况下，能产生几种配子？绘图表示其基因型。

第 5 章 人类性状的遗传方式与遗传病

1. 说出质量性状、数量性状、多基因遗传病、染色体病的概念
2. 描述单基因遗传方式及系谱特点,举例说明近亲结婚的危害及原因
3. 叙述多基因假说内容要点,举例说明常见多基因遗传病
4. 说出染色体畸变类型,知道常见染色体病核型、临床表现及原因
5. 叙述先天性代谢缺陷的发病原理

遗传病指生殖细胞或受精卵的遗传物质在数量、结构和功能上发生改变所引起的疾病。遗传病通常具有垂直性、先天性、终身性和家族性等特征,给人类健康带来极大的危害,往往造成代谢障碍,影响生长发育,导致智力低下,不仅造成患者及其后代的身心痛苦,也给患者家庭和社会带来沉重的负担。因此,学习人类性状的遗传方式,掌握遗传病的种类和传递特点,对于做好遗传指导、预防患儿的出生、提高人口素质,具有十分重要的意义。

遗传病已成为常见病!

统计显示:人群中约有 20%～25% 的人患有某种遗传病,其中 3%～5% 的人患有单基因病,15%～20% 的人患有多基因病,0.5%～1% 的人是染色体病患者。在健康人群中,每个正常人也可能是 5～6 个致病基因的携带者,致病基因暂不表现,但可传递给后代,对后代造成威胁。随着现代生物分子技术及医学遗传学的快速发展,人们逐步认识到遗传病已成为当今的常见病。

第 1 节 单基因遗传与单基因遗传病

单基因遗传指受一对等位基因控制的性状遗传,其遗传方式遵守孟德尔规律,故又称为孟德尔式遗传。由单基因突变所导致的疾病称单基因病。人类单基因遗传分为 5 种主要遗传方式:常染色体显性遗传(AD)、常染色体隐性遗传(AR)、X 连锁显性遗传(XD)、X 连锁隐性遗传(XR)和 Y 连锁遗传。目前已经知道的单基因病大约有 7000 多种,在人群中约有 4%～5% 的人受累于某种单基因病。

系谱分析法是临床诊断过程中判断遗传病遗传方式最常用的方法之一。

系谱(pedigree)指从先证者(家族中第一个被确诊为患某种遗传病的人)入手,详细调查其家庭成员的发病情况后,按一定方式绘制成的图谱。系谱中不仅包括患病个体,也包括全部健康的家庭成员。

在绘制系谱时,从先证者开始着手调查研究,追溯调查若干代家庭成员,然后根据被调查者的亲缘关系及该种疾病在家族亲属中的分布情况,用特定的符号绘成系谱。然后,再根据绘制的系谱进行回顾性分析,确定所发现的某一特定性状或疾病是否有遗传因素及其可能的遗传方式,从而对家系中其他成员的发病情况做出预测,这个过程称为家系分析。在调查过程中,调查的人数越多越好,全部工作除要求信息准确外,还要注意患者的年龄、病情、死亡原因和是否有近亲婚配等情况。系谱常用符号如下(图 5-1)。

一、常染色体显性遗传

常染色体显性遗传(autosomal dominant inheritance,AD)指某一性状或遗传病由常染色体上的显性基因所控制的遗传方式。

由常染色体上显性致病基因所致的疾病称为常染色体显性遗传病。临床常见的常染色体显性遗传病有并指(趾)、多指(趾)、斑秃、肌强直性营养不良、家族性高胆固醇血症、视网膜母细胞瘤等。

在常染色体显性遗传病中,假定用 A 表示显性致病基因,用 a 表示隐性正常基因,则

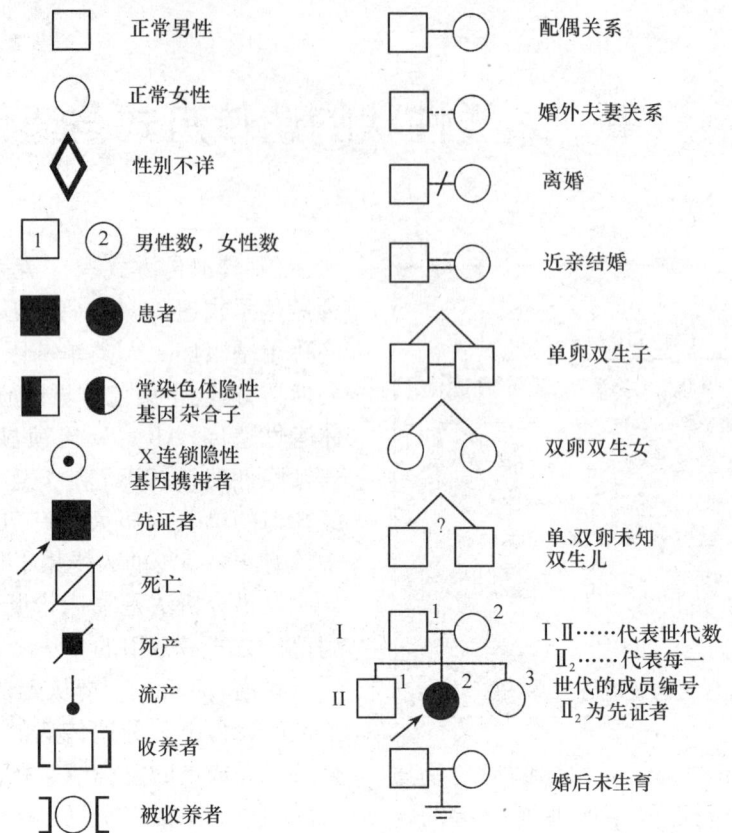

图 5-1 遗传系谱常用符号

基因型为 AA 和 Aa 的个体患病，基因型为 aa 的个体正常。

但由于基因表达受多种复杂因素的影响，杂合体（Aa）有可能出现不同的表现形式，因此，常染色体显性遗传可分为完全显性遗传、不完全显性遗传、不规则显性遗传和共显性遗传等几种形式。

（一）完全显性遗传

完全显性遗传（complete dominance）是指杂合子患者（Aa）与显性纯合子患者（AA）的表型完全相同。

例如：齿质形成不全症为完全显性遗传。患者牙齿有明显缺陷，牙齿上往往出现灰色或蓝色的乳光，牙齿容易被磨损。

当齿质形成不全症（Bb）患者与正常齿（bb）个体婚配，按孟德尔分离定律计算，其所生子女中约有 1/2 是齿质形成不全症患者，约有 1/2 是正常齿个体。也可以说，这对夫妇每生一个孩子都有 1/2 的可能性是齿质形成不全症患儿（图 5-2）。

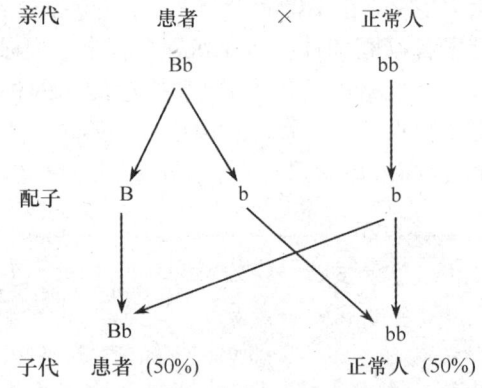

图 5-2 齿质形成不全症患者与正常齿个体婚配图解

齿质形成不全症系谱（图 5-3）是常染色体显性遗传的典型系谱，通过对系谱进行分析，可归纳出常染色体显性遗传系谱特点：

（1）由于致病基因位于常染色体上，致病基因的遗传与性别无关，因此，男女发病机会均等。

（2）连续遗传，系谱中可看到连续几代都有患者。

（3）患者双亲中往往有一个为患者，且大多为杂合体。

(4) 患者同胞中约有 1/2 的几率为患者。　　　　(5) 双亲无病,子女一般不会患病。

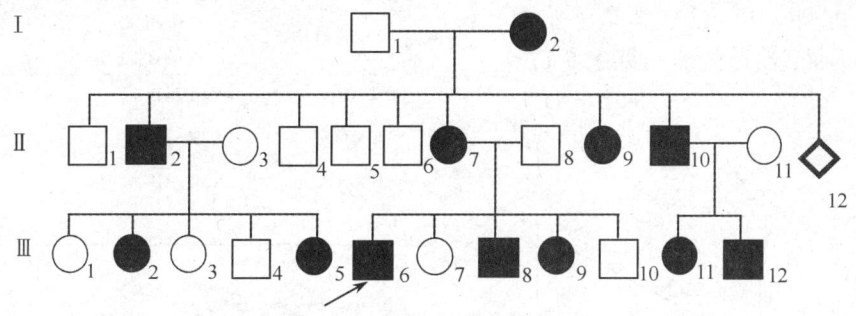

图 5-3　齿质形成不全症系谱

一位 34 岁的男子,患家族性结肠息肉,术后复发。其母亲和一个姐姐都死于结肠癌,现有一个孩子,他前来进行遗传咨询:
1. 为什么我一家三口人都得了这种病?
2. 若再要孩子,会得此病吗?
请你先解释系谱的含义再解答以上问题。

(二) 不完全显性遗传

不完全显性遗传(incomplete dominance)是指杂合体(Aa)的表型介于纯合显性(AA)和纯合隐性(aa)之间,又称半显性遗传。

在不完全显性遗传病中,由于杂合体(Aa)中隐性基因 a 的作用也有一定程度的表达,杂合体 Aa 常为轻型患者,纯合体 AA 为重型患者。2 个轻型患者(Aa)婚配,后代将有 1/4 的几率是重型患者,2/4 的几率是轻型患者,1/4 的几率是正常人。

表现型比例为:重型患者:轻型患者:正常人 = 1:2:1;基因型比例为:AA:Aa:aa = 1:2:1。

因此,不完全显性遗传系谱的遗传特点,除具有常染色体显性遗传系谱特点外,还具有以下特征,即表现型比例与基因型比例一致,皆为 1:2:1。

例如:软骨发育不全症是不完全显性遗传病,纯合体患者病情严重,多在胎儿期或新生儿期死亡,而杂合体患者,出生时即有体态异常:四肢短粗,下肢向内弯曲,腰椎明显前突,臀部后突,手足短厚,手指齐平,头大等。如果 2 个软骨发育不全症患者(Aa)婚配,其后代有 1/4 的几率正常(aa),2/4 的几率是轻型患者(Aa),1/4 的几率是重型患者(AA),重型患者因病情严重,常于胚胎期死亡或早期夭折。

(三) 不规则显性遗传

不规则显性遗传(irregular dominance)指带有显性致病基因的杂合体,由于受遗传或环境因素的影响,没有表现出相应的症状,导致显性遗传出现不规则的现象,又称为外显不全。不规则显性产生的原因,目前还不十分清楚,由于不同个体所具有的不同遗传背景和内、外环境对基因表达所产生的影响,可能是引起不规则显性的主要原因。

(四) 共显性遗传

共显性遗传(codominance)指一对等位基因之间没有显性和隐性的区别,在杂合状态下,两种基因的作用都完全表现出来。如人类 ABO 血型、MN 血型的遗传都属于共显性遗传。

ABO 血型决定于一组复等位基因:I^A、I^B 和 i,这三种基因位于 9 号染色体长臂同一位点上。所谓复等位基因是指在对同源染色体的某一特定位点有三种或三种以上的基因,但对每个个体来讲只能具有其中任意两个等位基因。

I^A 决定红细胞表面存在抗原 A,I^B 决定红细胞表面存在抗原 B,i 决定红细胞表面无抗原 A 和抗原 B。I^A 和 I^B 对 i 是显性基因,基因 I^A 和 I^B 为共显性。所以,基因型为 I^AI^B 个体的血型是 AB 型,ii 个体的血型是 O 型,A 型血个体的基因型是 I^AI^A 或 I^Ai,B 型血个体的基因型是 I^BI^B 或 I^Bi。

依据孟德尔分离规律,已知双亲血型可预测子女的血型,例如:如果父母双方的血型分别为 AB 型和 O 型,他们子女的血型只能是 A

型或B型,不可能是O型或AB型,如图5-4所示。因此,血型常用于法医学亲子鉴定,双亲和子女之间血型遗传的关系见表5-1。

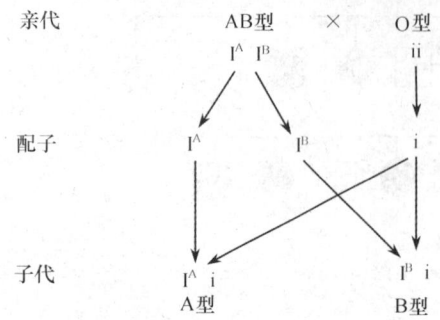

图 5-4　AB型和O型个体婚配图解

表 5-1　双亲和子女之间血型遗传的关系

双亲的血型	子女中可能出现的血型	子女中不可能出现的血型
A×A	A,O	B,AB
A×O	A,O	B,AB
A×B	A,B,AB,O	—
A×AB	A,B,AB	O
B×B	B,O	A,AB
B×O	B,O	A,AB
B×AB	A,A,AB	O
AB×O	A,B	AB,O
AB×AB	A,B,AB	O
O×O	O	A,B,AB

(五) 延迟显性

延迟显性(delayed dominance)指某些带有显性致病基因的杂合体,并非出生后即表现出相应症状,而是发育到一定年龄,致病基因的作用才表现出来。

例如：慢性进行性舞蹈病是一种延迟显性遗传病。杂合体在青春期无任何临床症状,多在40岁以后才发病,多数以舞蹈动作为(眨眼、手抖、腿颤)为首发症状,开始不自主运动较轻,以后症状不断加重,并出现智力衰退。图5-5所示是一个慢性进行性舞蹈病的系谱。

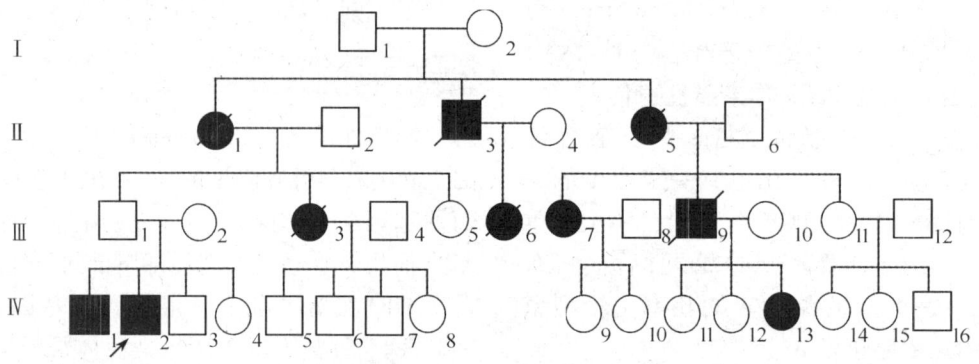

图 5-5　慢性进行舞蹈病系谱

二、常染色体隐性遗传

(一) 常染色体隐性遗传的概念及其系谱特点

常染色体隐性遗传(autosomal recessive inheritance,AR)指某一性状或遗传病由常染色体上隐性基因所控制的遗传方式。

由常染色体上隐性致病基因引起的疾病称为常染色体隐性遗传病。人类常染色体隐性遗传病有1730多种,临床常见有白化病、先天性聋哑、高度近视、苯丙酮尿症、肝豆状核变性、尿黑酸尿症、镰状细胞贫血、蜘蛛样指(趾)综合征(图5-6)等。

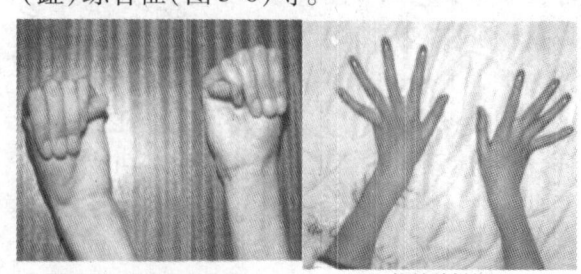

指细长,拇指长过掌宽　　　蜘蛛趾样指

图 5-6　蜘蛛样指(趾)综合征

> **海曼之死**
>
> 你知道美国前女排明星海曼是什么原因死去的吗?她死于蜘蛛样指(趾)综合征,又称为马方综合征(Marfan Syndrome)。患者高而细瘦,肢长,手臂间距离超过身高,手指如蜘蛛样,眼、骨骼和心血管系统不同程度地受损。眼部典型损害为晶状体脱位,常见鸡胸或漏斗胸,二尖瓣功能障碍。研究发现:原纤蛋白基因(FBN1)可能是本病的致病基因。迄今已在马方综合征患者中发现 60 余种 FBN1 的突变,这些突变多采用 DGGE 和 SSCP 等突变检测技术进行检测。检测结果将有助于本病的正确诊断、预后判断及产前诊断,并为可能出现的新治疗方案提供依据。

在常染色体隐性遗传病中,假定用 A 表示正常基因,a 表示致病基因,则基因型为 AA 的个体是正常人,基因型为 aa 的个体是患者,基因型为 Aa 的个体表型正常但带有致病基因,称为携带者(carrier)。临床上所见到的常染色体隐性遗传病患者,往往是两个携带者婚配的子女。例如:白化病为一种常见的常染色体隐性遗传病,由于患者体内缺乏酪氨酸酶,不能形成黑色素,使皮肤呈白色或淡红色,毛发很白或为淡黄色,虹膜及瞳孔呈浅红色、怕光。部分患者有屈光不正、斜视和眼球震颤等症状,少数患者智力低下,体格发育不良。患者皮肤不耐日晒,甚至可因日晒而出现灼伤,暴露的皮肤可发生恶性黑色素瘤。

> **动物会得白化病吗?**
>
> 白化病不仅发生于人类,也发生于其他动物,比如白老虎、白乌鸦、白孔雀均是基因突变所致的白化病。

如果一对夫妇均为白化病携带者(Aa),他们的后代是白化病患儿的几率是多少?表型正常个体的几率是多少?携带者个体的几率是多少?请从图 5-7 中寻找答案。

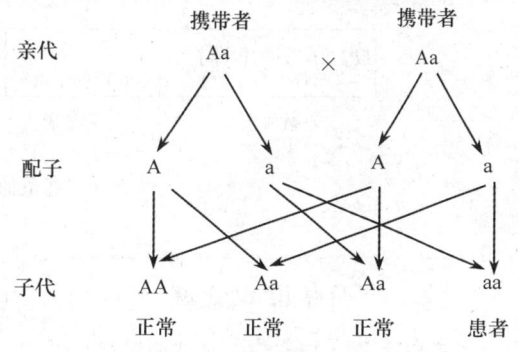

图 5-7 两个携带者的婚配图解

请你通过对以下系谱(图 5-8)进行分析,总结出常染色体隐性遗传的特点。

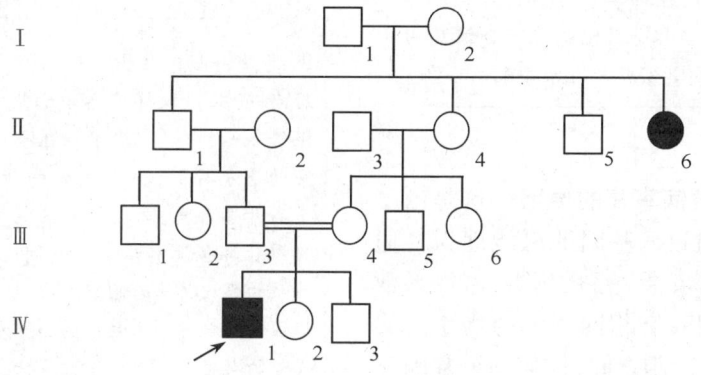

图 5-8 白化病家族系谱

常染色体隐性遗传有如下特点:
(1)男女发病机会均等,致病基因的遗传与性别无关。
(2)隔代遗传,系谱中呈现不连续遗传的现象,表现为散发性。
(3)患者双亲表型正常,但都是致病基因的携带者。
(4)患者同胞中约 1/4 患病的可能性。
(5)近亲婚配,后代发病率明显增高。

> **案例 5-2**
>
> 双眼皮的夫妇会生出单眼皮的孩子吗?几率是多少?

(二)近亲婚配及其危害

1. 近亲婚配的概念 近亲婚配指血缘关系很近的人彼此间结婚。如果两个人有一个或几个共同祖先的话,就说明这两个人之间有血缘关系。在几代内曾有共同祖先的就叫近亲。近亲一般推算到4代,即在曾祖父母或外曾祖父母以下有共同祖先的人都属于近亲。我国婚姻法规定:"直系血亲和三代以内的旁系血亲禁止结婚。"直系血亲与旁系血亲分别指什么?请见图5-9。

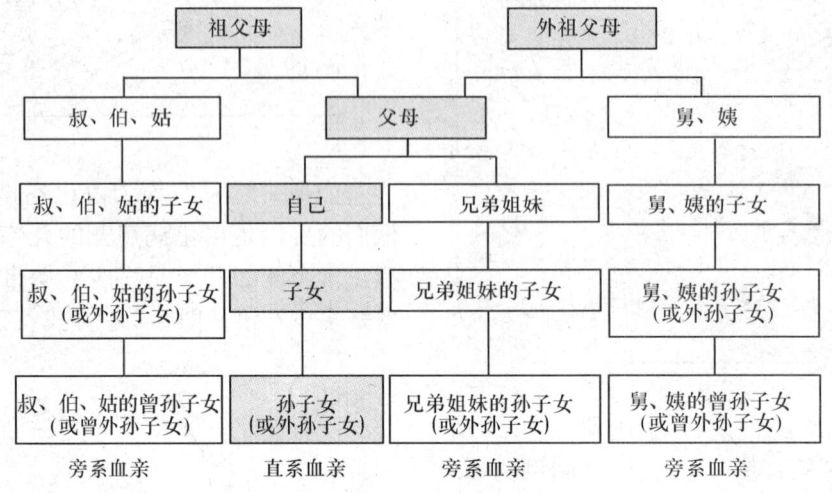

图5-9 直系血亲与旁系血亲示意图

"月亮儿女"之谜

在大西洋里有一个几乎与世隔绝的小岛——林索伊斯岛。岛上的300多位居民都有这样的怪癖:喜欢月亮,害怕阳光。居民们皮肤雪白,头发白色或淡黄色,眼睛虹膜粉红色,怕阳光,视力也差,"月亮儿女"由此而得名。"月亮儿女"之谜直到20世纪70年代初,经科学家考察和研究才知道,原来岛上居民几乎都是白化病患者。该岛白化病发病率高的原因其实就是近亲婚配。

案例5-3 近亲婚配的沉痛教训!

生物进化论创始人、英国的伟大科学家查理·达尔文,不顾亲朋好友的劝告,跟他舅父的女儿埃玛结了婚。婚后,他们共生育6子4女。但有3个夭折,3个患病,3个则终身不育或不嫁。其子女没有一位在科学上有成就,都属低能。

创立了"基因"学说的美国著名遗传学家摩尔根,也有一场不该出现的婚姻。他与表妹玛丽结婚后,科研工作取得了杰出的成就。后人写的《摩尔根传》一书中说:"摩尔根在事业上的成功与玛丽的帮助是分不开的。"但他们的两个女儿都是痴呆,过早离开了人间,惟一的男孩也智力残疾。摩尔根夫妇以后再也没有生育。他因此提出:没有血缘亲属关系的民族之间的婚姻,才能孕育体质和智力上都更为强健的人种。他大声疾呼:"为创造更聪明、更强健的人种,无论如何也不要近亲结婚。"

2. 近亲婚配发病率高的原因 这是由于近亲个体带有相同致病基因的可能性大!通常用亲缘系数表示亲缘关系的远近,亲缘系数是指不同个体之间具有相同基因的概率。父母和子女之间以及同胞之间,任何一个基因相同的可能性为1/2,称为一级亲属,其亲缘系数为0.5。依此推算,一个人和他的叔伯、姑、舅、姨、祖父母和外祖父母之间,基因相同的可能性为1/4,称为二级亲属,其亲缘系数为0.25。表兄妹或堂兄妹之间基因相同的可能性为1/8,称为三级亲属,其亲缘系数为0.125。

如果某种常染色体隐性遗传病在群体中的携带者频率为1/50,则夫妇均为携带者时,每次生育出隐性遗传病患儿的可能性为1/4,随机婚配生出隐性遗传病患儿的风险为$1/50 \times 1/50 \times 1/4 = 1/10\,000$,表兄妹婚配生出患儿的风险为$1/50 \times 1/8 \times 1/4 = 1/1600$。可见,当人群中某种常染色体隐性遗传病携带者的频率为1/50时,表兄妹婚配生出隐性遗传病患儿的风险是随机婚配的6.25倍。如果群体中某种常染色体隐性遗传病携带者的频率为1/500，则表兄妹婚配生出隐性遗传病患儿的风险是随机婚配的62.5倍。因此，近亲婚配可增加群体中隐性遗传病的发病率，而且常染色体隐性遗传病愈少见，近亲婚配的危险愈大。

三、X连锁显性遗传

人类某些性状或疾病，在男女个体中出现的几率不同，或男高女低，或女高男低，与性别有密切联系。这种由性染色体上的基因所控制的遗传现象称为性连锁遗传。根据人类性染色体的类型不同，以及性染色体上基因性质的不同，可将性连锁遗传分为X连锁显性遗传、X连锁隐性遗传和Y连锁遗传。

X连锁显性遗传（X-linked dominant inheritance，XD）指某种性状或遗传病由X染色体上的显性基因所控制的遗传方式。由X染色体上显性致病基因引起的疾病称为X-连锁显性遗传病。临床上常见的有：先天性眼球震颤、色素失调症、高氨血症Ⅰ型、口面指（趾）综合征等。

以遗传病为例，用A表示致病基因，a表示正常基因，则女性患者的基因型为X^AX^A、X^AX^a，女性正常人的基因型为X^aX^a；男性患者的基因型为X^AY，男性正常人的基因型为X^aY。

由于致病基因是显性，所以不论男性还是女性，只要X染色体上有1个致病基因就会发病。女性细胞中有2条X染色体，男性细胞中只有1条X染色体，女性获得致病基因的机会比男性多1倍，所以，人群中女性患者多于男性患者。例如：抗维生素D佝偻病是X连锁显性遗传病。它与一般佝偻病不同，是由于肾小管对磷的重吸收能力和小肠对钙、磷的吸收能力均不健全，造成尿磷增加、血磷降低，使患者骨质钙化不全而发病，患儿可有O形腿、X形腿、鸡胸等骨骼发育畸形和生长缓慢等症状。治疗这种佝偻病时，采用普通剂量的维生素D和晒太阳均难有疗效，必须同时使用大剂量的维生素D和磷酸盐才能收到治疗效果，所以，称之为抗维生素D佝偻病。

本病男性患者与正常女性婚配时，女儿都患病，儿子都正常；若女性杂合子患者与正常男性婚配，则儿子、女儿各有1/2的发病风险。图5-10是一个抗维生素D佝偻病系谱。

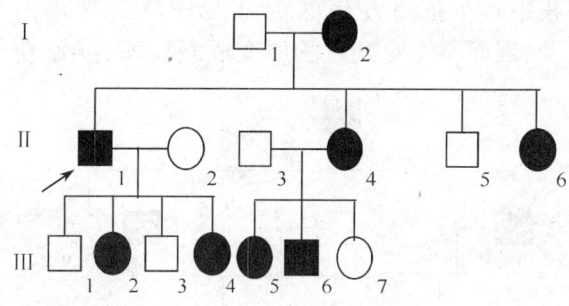

图5-10　抗维生素D佝偻病系谱

X连锁显性遗传的系谱特点是：

（1）女性患者多于男性患者，女性患者病情较轻。

（2）连续传递，系谱中可见每一代都有患者，呈现连续传递现象。

（3）交叉遗传。男性患者的女儿均为患者，儿子均正常；女性患者的后代中，女儿和儿子的发病风险各为50%。

（4）患者双亲之一往往为患者。

四、X连锁隐性遗传

X连锁隐性遗传（X-linked recessive inheritance，XR）指某种性状或遗传病由X染色体上的隐性基因所控制的遗传方式。由X染色体上隐性致病基因引起的疾病称为X连锁隐性遗传病。目前，已知X连锁遗传病有400多种，绝大部分是X连锁隐性遗传病，临床上常见的有红绿色盲、进行性假肥大性肌营养不良、血友病A等。

以遗传病为例，a表示致病基因，A表示正常基因，则女性患者的基因型为X^aX^a，女性正常人的基因型为X^AX^A、X^AX^a（携带者）；男性患者的基因型为X^aY，男性正常人的基因型为X^AY。

女性细胞中有2条X染色体，在纯合隐性（X^aX^a）状态时才患病；在只有1个X连锁隐性致病基因的情况下，是携带者（X^AX^a）。而男性细胞中只有1条X染色体，Y染色体形态短小缺少与X染色体相对应的等位基因，只要X染色体上有隐性致病基因就会患病，所以，男性细胞又称为半合子（hemizygote）。

人群中男性患者多于女性患者。

例如：血友病 A 是一种典型的 X 连锁隐性遗传病。血友病 A 为出血性疾病，患者血浆中缺少抗血友病球蛋白（AHG）或称Ⅷ因子，因而不能使凝血酶原变成凝血酶，凝血功能发生障碍。患者皮肤、肌肉内反复出血，形成瘀斑；下肢各关节的关节腔内出血，使关节呈强直状态；颅内出血可导致死亡。图 5-11 是一个血友病 A 的系谱，请分析这个系谱，总结 X 连锁隐性遗传系谱的特点。

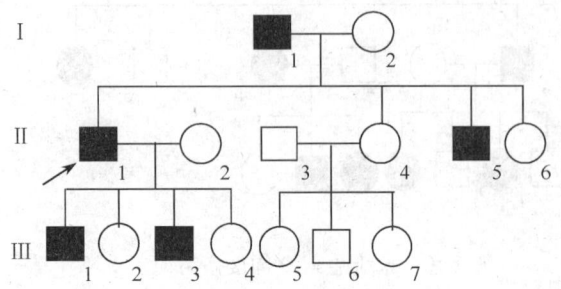

图 5-11A　血友病 A 系谱

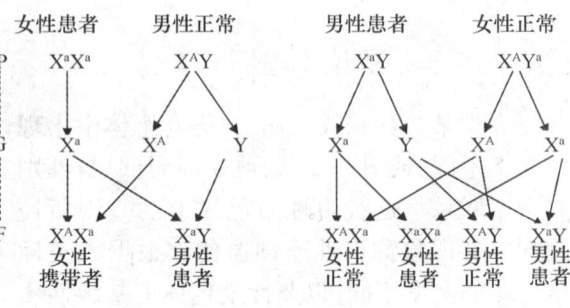

图 5-11B　血友病 A 婚配图解

X 连锁隐性遗传系谱特点：

（1）男性患者多于女性患者。

（2）隔代遗传。由于男患者的子女都是正常的，所以代与代间可见明显的不连续遗传。

（3）交叉遗传。即 X 连锁隐性遗传中男性的隐性致病基因只能从母亲获得，将来也只能传给女儿。

（4）男性患者的兄弟、外祖父、舅父、姨表兄弟、外甥、外孙等可能是患者。

（5）近亲婚配后代的发病率高。

"皇室病"是怎么回事？

1838 年 8 月 28 日，18 岁的亚历山大·德丽那·维多利亚登上了英国女王的宝座。她从即位至 1901 年去世，在位 60 余年，是英国历史上统治时间最长的一位国王。1840 年，21 岁的维多利亚女王和她的表哥（舅舅的二子）结婚，但谁也没有想到，这场婚姻会给她的个人生活带来巨大的不幸！他们一共生下了 9 个孩子，四男五女，4 个男孩子中有 3 个患有血友病，女孩子也是血友病基因的携带者，她的三位王子都是两岁左右发病。这是一种稍有碰撞即出血不止的疾病，当时的医学界对此毫无办法，连最高明的医生也束手无策，结果三位王子一个个都短命早夭。

所幸 5 位公主却都美丽健康，也像她们的母亲一样聪明。于是，不少国家的王子都前来求婚，他们都为能得到维多利亚女王的女儿而感到光荣和自豪。然而，当她们先后嫁到了西班牙、俄国和欧洲的其他王室后，她们所生下的小王子也都患上了血友病。这件事把欧洲许多王室都搅得惶恐不安，所以，当时把血友病称为"皇室病"。

造成血友病的原因，主要是近亲结婚。维多利亚女王的丈夫是她的表哥，她的子女以至孙子、孙女、外孙、外孙女，也都在欧洲的皇室中通婚，这个人群中的人数并不多，虽然可以"门当户对"，保持王室血统的"纯洁"，但是也给遗传病创造了"搭车上路"的条件。

世界上第一个提出色盲问题的人是谁？

18 世纪，尚且年幼的英国著名化学家兼物理学家道尔顿，在圣诞节前夕买了一件礼物——一双"棕灰色"的袜子，送给妈妈。妈妈看到袜子后，感到颜色过于鲜艳，就对道尔顿说："你买的这双樱桃红色的袜子，让我怎么穿呢？"道尔顿感到非常奇怪，袜子明明是棕灰色的，为什么妈妈说是樱桃红色的呢？疑惑不解的道尔顿又去问弟弟和周围的人，除了弟弟与自己的看法相同以外，被问的其他人都说袜子是樱桃红色的。道尔顿对这件小事没有轻易放过，他经过认真的分析比较，发现他和弟弟的色觉与别人不同，原来自己和弟弟都是色盲。道尔顿虽然不是生物学家和医学家，却成了第一个发现色盲症的人，也是第一个被发现的色盲症患者。为此他写了一篇论文《论色盲》，成为世界上第一个提出色盲问题的人。人们为了纪念他，又把色盲症称为道尔顿症。

案例 5-4

人类的红绿色盲为 X 连锁隐性遗传,患者对红绿色的辨别力低,现有一女性色盲基因携带者与男性患者婚配,有两个孩子,其中一个女儿是色盲,一个儿子也是色盲,请问:如果这对夫妇再次生育,是否能生出正常男孩?

五、Y 连锁遗传

Y 连锁遗传(Y-linked inheritance)指某种性状或疾病由 Y 染色体上基因所决定的遗传方式。Y 连锁遗传的传递规律较简单,具有 Y 连锁基因者均为男性,基因将随 Y 染色体由男性向男性传递,父传子,子传孙,因此,又称全男性遗传。

目前,已肯定的 Y 连锁遗传性状或遗传病较少,约 10 多种,已知 H-Y 抗原基因、外耳道多毛基因、睾丸决定因子基因等是 Y 染色体上的基因。

例如:外耳道多毛症为 Y 连锁遗传,Y 染色体上具有外耳道多毛基因的男性,到了青春期,外耳道中可长出 2~3cm 成丛的黑色硬毛,且伸出耳孔之外。系谱中祖孙 3 代患者全为男性,女性均无此症状。图 5-12 是一个外耳道多毛症的系谱。

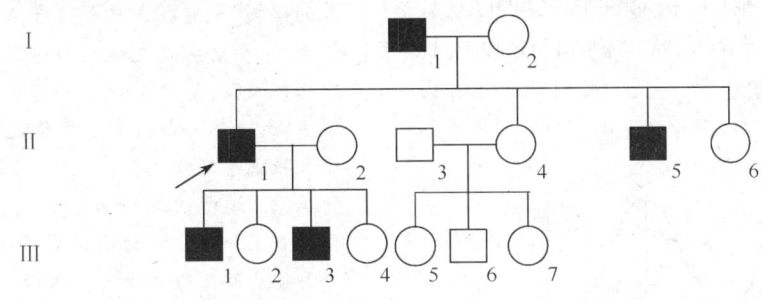

图 5-12 外耳道多毛症的系谱

课外阅读:遗传的两种特殊情况

除上述几种基本遗传方式外,尚有两种特殊情况:

1. 从性遗传 从性遗传与性连锁遗传的表现都与性别有密切关系,但它们是两种截然不同的遗传方式。性连锁遗传的基因位于性染色体上,而从性遗传的基因位于常染色体上,致病基因性质有显性和隐性之别。这种常染色体上的基因所控制的性状,在表现型上受性别影响而具有男女性别分布比例或表现程度上的差别,这种遗传方式称为从性遗传(sex-influenced inheritance)。

原发性血色病可作从性遗传方式的实例。本病为一种遗传性铁代谢障碍,其特征为含铁血黄素在组织中大量沉积,造成多种器官损害,典型症状是皮肤色素沉着、肝硬化、糖尿病三联综合征,症状发生较迟,由于铁质蓄积达到 15~30g 才产生症状,所以 80% 病例在 40 岁以后发病。本病致病基因在常染色体上,但男性多于女性 10~20 倍,而且女性发病较迟。

遗传性早秃为常染色体显性遗传病,男性显著多于女性,女性仅表现为头发稀疏,极少全秃,杂合子(Bb)男性会出现早秃;相反,女性杂合子(Bb)不出现早秃,只有纯合子(BB)才出现早秃,这也是从性遗传的一例。

2. 限性遗传 一种遗传性状或遗传病的致病基因位于常染色体或性染色体上,其性质可以是显性或隐性,但由于性别限制,只在一种性别中得以表现,而在另一性别完全不能表现,但这些基因都可以向后代传递,这种遗传方式称为限性遗传(sex-limited inheritance)。例如,子宫阴道积水由常染色体隐性基因决定,因此,女性只有在纯合子才表现相应症状,男性虽有这种基因但不能表现该性状,然而这些基因都向后代传递。

从上述从性遗传和限性遗传特点可见,并非所有表现出性别差异的遗传性状或遗传病都是性连锁遗传,在常染色体遗传病中有时也可见到性别差异,应注意加以区别。

第 2 节 多基因遗传与多基因遗传病

一、多基因遗传概述

(一) 多基因遗传的概念

一些性状或遗传病的遗传受多对基因控制,每对基因彼此之间没有显性与隐性的区分,而是共显性的,这些遗传性状的形成,是遗传因素和环境因素共同作用的结果,这种遗传方式称为多基因遗传(polygenic inheritance),由这种遗传方式传递的疾病称为多基因遗传病(polygenic disease)。

某些先天性畸形、高血压、消化性溃疡、糖尿病、精神分裂症、局部缺血性心脏病等均属多基因遗传病。

(二)质量形状和数量性状

生物的遗传性状可分为质量性状和数量性状。

质量性状(qualitative character)是指由一对等位基因控制的、相对性状之间的差异明显、不连续变异的性状。例如,豌豆植株的高矮、种皮的颜色等,在群体测量中,可以看到变异分布有2~3个峰(图5-13)。

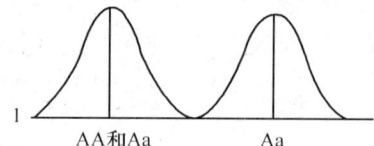

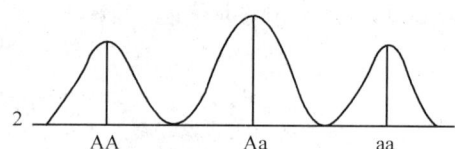

图5-13 质量性状分布图

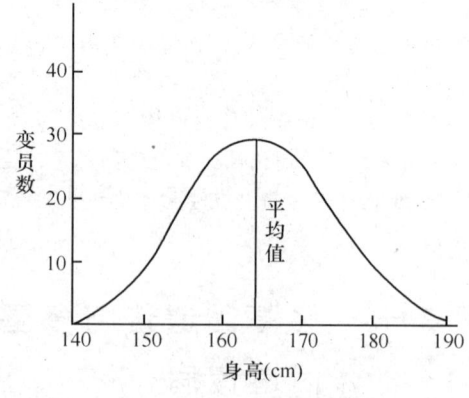

图5-14 数量性状分布图

但是,在生物界中还存在另一类连续变异的性状,在两个极端类型之间,可以看到大量连续变异的个体。例如,让一个身材高的人和一个身材矮的人站在一起,谁高谁矮一目了然。但如果让许多人站在一起,按高矮排列,就可以看到由高到矮是逐渐过渡的,也就是说,人类身高的变异不明显,而且是连续的(图5-14),这种具有连续变异的性状称为数量性状(quantitative character)。生物界中数量性状极为常见,如人的身高、体重、肤色、血压、智力、寿命等都为连续变异的数量性状。

案例5-5 印度"狼孩"卡玛拉

1920年,在印度加尔各答东北米德纳波尔小城,人们常见到有一种"神秘生物"出没附近森林,往往是一到晚上,就有两个用四肢走路的"像人的怪物"尾随在3只大狼后面。后来人们打死了大狼,在狼窝里发现这两个"怪物",原来是两个裸体女孩,其中大的年龄约7~8岁,小的约1岁半,大概都是在出生后半年被狼衔去。这两个小女孩由辛格牧师夫妇抚养,分别取名卡玛拉和阿玛拉。遗憾的是,阿玛拉回到人间的第11个月就死去了。而卡玛拉刚被发现时,只懂得一般6个月婴儿所懂得的事。两年后,才会发两个单词的读音,并会直立。6年后才艰难地学会独立行走,但快跑时还得四肢并用。卡玛拉死时已16岁左右,但她的智力只相当于3~4岁的孩子!直到死也未能真正学会讲话。

请思考:"狼孩"和正常同龄人的智力为什么有那么大的差别?

二、多基因假说

1909年,瑞典遗传学家尼尔逊·爱尔(Nilsson-Ehle),以小麦种皮颜色为实验性状,研究数量性状的遗传机制,提出多基因假说:

(1)数量性状的遗传基础不止1对基因,而是由2对或2对以上基因控制。

(2)每对基因彼此之间没有显性与隐性区分,呈共显性。

(3)每对等位基因对遗传性状的形成作用是微小的,所以称为微效基因(minor gene),但其作用可以累加,称为累加效应(additive effect)。多个微效基因积累决定1个个体的表型。

(4)微效多基因的遗传遵循遗传规律。

(5)多基因遗传除受微效基因作用外,环境因素也起一定作用,个体表型是二者共同作用的结果。

三、多基因遗传的特点

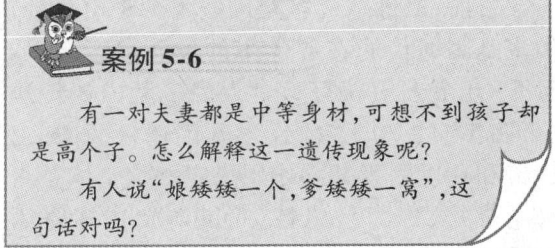

案例 5-6

有一对夫妻都是中等身材,可想不到孩子却是高个子。怎么解释这一遗传现象呢?

有人说"娘矮矮一个,爹矮矮一窝",这句话对吗?

数量性状的遗传既受多对微效基因控制,又受环境因素影响,其遗传特点和质量性状有许多不同。

以人类的肤色遗传为例来说明多基因遗传的特点。人类肤色遗传估计由3~5对基因决定,为叙述方便,我们假设肤色由AA′、BB′两对等位基因(非连锁)决定。A、B表示黑色基因,A′、B′表示白色基因,A与A′之间、B与B′之间的关系均为共显性,A和B的作用相等且相加,B和B′的作用也是相等且相加。基因型为AABB者则为纯黑肤色,基因型为A′A′B′B′者则为纯白肤色。若纯黑肤色AABB与纯白肤色A′A′B′B′的人进行婚配,其子女基因型为AA′BB′,肤色为黑白中间类型的人,然而由于环境因素的影响,子女中不同个体的肤色仍会有些差异。若双亲均为杂合型AA′BB′的中间型,根据分离和自由组合定律,他们的子女就可能出现5种不同肤色等级:纯白、稍白、黑白中间类型、稍黑、纯黑,其比例为:1:4:6:4:1,其中大部分个体仍将接近黑白中间类型肤色,纯黑、纯白的个体所占比例很小(图5-15)。如果再考虑环境因素的影响,则个体之间的变异范围将更广泛。

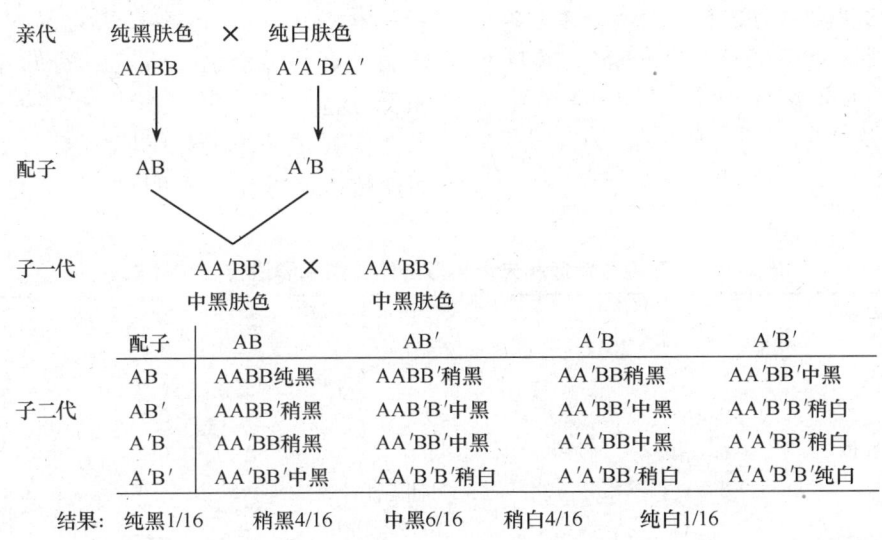

图 5-15 人类的肤色遗传

以上例子说明:假设2对基因决定肤色,则出现5种肤色类型,极端类型黑人和白人各占1/16;若肤色由3对基因决定,双亲为中间型,则子女将有7种肤色表型,极端类型黑人和白人各占1/64。这说明,决定某一数量性状的基因对数愈多,极端类型所占比例愈少,中间类型所占比例愈大,若群体比较大,则变异连续变化呈正态分布曲线。

综上所述,多基因遗传的特点可归纳如下:

(1) 当2个极端类型杂交时,子代表现为中间类型,由于受环境因素影响,子代表现型会有一定变异范围。

(2) 当2个中间类型杂交时,子1代大多数是中间类型(95%),也产生少量极端类型。

(3) 在大种群中随机交配,产生的后代大多数在中间范围,极少数在极端范围,由于受环境因素影响,子代表现型的变异范围将更加广泛且呈连续性分布。

四、多基因遗传病

现代社会发展快、竞争压力大,患有精神分裂症的人数逐年增多。研究表明精神分裂症的发生不仅和环境因素有关,同时和遗传因素有密切关系。而人类精神分裂症的遗传基础不是由一对基因,而是受多对基因控制的。精神分裂症这种由两对以上基因和环境因素共同作用所导致的疾病称为多基因遗传病(polygenic disease),又称多因子病(MF)。

目前,已确认的多基因病不少于100种,但多基因遗传病在群体中的发病率高,平均每5~6个人中就有1个人患多基因遗传病(约占15%~20%)。在多基因遗传病中,由遗传和环境因素共同作用决定一个个体是否易于患病,称为易患性(liability),由多基因基础决定发生某种多基因遗传病风险的高低,称为易感性(susceptibility)。

在多基因遗传病中,遗传因素所起的作用大小称为遗传度(heritability),一般用百分率(%)来表示:

遗传度(%) = 遗传因素/(遗传因素 + 环境因素) × 100%

表5-2是人类一些多基因遗传病和先天畸形的遗传度统计表,凡遗传度达70%~80%者,表明遗传因素在决定易患性变异或发病上有重要作用,环境因素的作用较小;相反,遗传度达30%~40%者,表明在决定易患性变异或发病上,环境因素起主要作用,而遗传因素的作用不明显。

> **中山大学女教授自杀案件揭密**
>
> 2007年1月20日凌晨4时左右,44岁的中山大学女教授、硕士生导师杨静(化名),从华南师范大学教师新村B栋5楼家里,纵身一跃,以跳楼的方式结束了自己的生命。在旁人和父母眼中,杨静的人生履历写满"优秀"。她曾先后在国内外发表重要学术论文90余篇,出版专著达12本之多,曾获部委级一等奖,自杀前更担任着广东省政府发展研究中心重大决策论证专家的要职。"杨静可以说是死于抑郁症。长期以来,她都透支生命,工作对于她来说就是慢性自杀。"中山大学管理学院教师王某经常碰到杨静熬夜加班工作,他分析说,"她自杀的原因1/3是她的个性所致,1/3源于工作压力,另外1/3则是婚姻不顺。"杨静的自杀,让她生前的同事和学生都颇感意外,人们纷纷猜测她走上绝路的原因。而绝大多数人认为"抑郁"是杀死杨静的元凶,专家点评警惕抑郁"杀手"!

表5-2 多基因遗传病和先天畸形群体发病率和遗传度统计表

疾病	群体发病率(%)	患者一级亲属发病率(%)	男:女	遗传度(%)
唇裂±腭裂	0.17	4	1.6	76
腭裂	0.04	2	0.7	76
先天性髋关节脱位	0.1~0.2	4	0.2	70
先天性幽门狭窄	0.3	男性先证者2 女性先证者10	5.0	75
先天性畸形足	0.1	3	2.0	68
先天性巨结肠	0.02	男性先证者2 女性先证者8	4.0	80
脊柱裂	0.3	4	0.8	60
无脑儿	0.5	4	0.5	60
先天性心脏病(各型)	0.5	2.8	—	35
精神分裂症	0.5~1.0	10~15	1	80
糖尿病(青少年型)	0.2	2~5	1	75
原发性高血压	4~8	15~30	1	62
冠心病	2.5	7	1.5	65
支气管哮喘	1~2	12	1	80
消化性溃疡	4	8	1	37
强直性脊柱炎	0.2	男性先证者7 女性先证者2	0.2	70

五、多基因遗传病发病率的估计

多基因遗传病发病率的特点：

（1）有明显的家族聚集现象，但系谱分析不符合任何一种单基因遗传方式。

（2）患者亲属的发病率随亲属级别的降低而逐渐递减。

（3）当群体发病率为0.1%~1%、且遗传度较高介于70%~80%时，患者一级亲属的发病率大约近似于一般群体发病率（P）的平方根。例如：唇裂在群体中的发病率为0.17%，患者的一级亲属的发病率约为4%。

（4）亲属中多基因病患者越多，后代患病的几率也就越高。例如：1对夫妇已生过1个患儿，表明他们带有一定数量的易患性基因；如果1对夫妇已生育2个患儿，则说明他们带有更多易患性基因，其后代发病风险就高很多。

（5）病情愈严重的患者，其后代的发病风险愈高。这是因为患者的病情愈严重，带有的易患性基因愈多，因而其后代的发病风险就愈高。

（6）发病率如有性别差异，则发病率低的性别的患者，其一级亲属的发病率高。例如：先天性幽门狭窄的男性发病率为0.5%，女性发病率为0.1%，男性发病率是女性的5倍。男性患者儿子的发病率为5.5%，女儿的发病率为1.4%；女性患者儿子的发病率为20%，女儿的发病率为7%。这是因为，女性发病率低，女性患有此病时，说明她具有此病更多的易患性基因，所以其后代发病率就更高。

案例5-7

自Rudin于1916年开始对精神分裂症状的遗传学进行认真研究后，半个多世纪以来系统的家系调查证明，遗传因素在精神分裂症的发生中有一定作用。精神分裂症病人亲属中的患病率比一般人群高得多；且与病人的血缘关系愈近，患病率愈高。

某男子42岁患有精神分裂症，其配偶正常，生有一女儿现年14岁，请根据所学知识估计该女孩患精神分裂症可能性的大小，并与正常夫妇的子女相比患此病的可能性会增大多少？

（7）近亲婚配，其子女患病风险增高，但不如常染色体隐性遗传病显著，这可能与微效基因和累加效应有关。

由于多基因遗传病有以上特点，所以，在估计发病风险时，要综合各种因素全面考虑，这样得出的判断结果才会更接近实际。

第3节 染色体与染色体病

舟舟的故事

舟舟大名胡一舟，今年29岁，其智商仅相当于3岁儿童，不会计算10以内的加减法、不识字、不认路、憨态可掬。但是，一旦登上指挥台，面对庞大的交响乐团，他似乎立刻变了一个人——中外乐章，得心应手，指挥棒舞动得如醉如痴。舟舟的指挥棒从中国一直舞到美国，使有幸得以观赏他表演的千万观众激动不已，赞叹不已。朱镕基同志曾说：舟舟是中国的骄傲！

舟舟于1978年4月1日出生在中国武汉，这天正好是愚人节。出生后1个月，舟舟患肺炎住院时，父母被告知：因患有唐氏综合征，他是个先天愚型儿。

那么，什么是唐氏综合征呢？我们来学习本节的内容。

一、人类染色体的核型

将一个体细胞中的全部染色体，按照其大小和形态特征分组编号排列所构成的图形称为核型（karyotype）。

根据人类细胞遗传学的国际命名体制（ISCN），将人类染色体按照大小和着丝粒的位置进行分组排列。目前，人类正常核型包括以丹佛体制为依据的人类染色体非显带核型和以巴黎会议为依据的人类染色体显带核型。

（一）非显带染色体核型分析

20世纪60年代，人们将中期染色体固定后直接用吉姆萨（Giemsa）染料染色，染色体着色均匀，无深浅条纹显示，因此被称为非显带染色体。

1. 非显带染色体的分类依据

（1）染色体的相对长度：指每条染色体的长度占22条常染色体加上X染色体长度总

和的百分比。

(2) 臂比率：指每条染色体长臂与短臂长度之比。

(3) 着丝粒指数：指每条染色体短臂长度占该染色体全长的百分比率。

(4) 随体的有无。

2. 非显带染色体的分组特征 根据丹佛体制，人类46条染色体中的22对常染色体被依次从1号编到22号，加上X染色体和Y染色体，可分为A~G共7组，X染色体被分到C组，Y染色体被分到G组。各组分类特征如下表：(表5-3)

表5-3 按染色体的大小顺序及着丝粒位置分组表

组别	序号	大小	着丝粒位置	区别难易	备注
A	1~3	最大	中央1、3 亚中2	易	1q有次缢痕
B	4~5	大小	亚中	难	p比2号染色体短些
C	6~12 X	中等	亚中	难	11号p较长，12号P较短 X介于7~8之间，9号有次缢痕
D	13~15	中等	近端	难	有随体
E	16~18	小	中央16 亚中17、18	可以区别	18号p很短，16号q有次缢痕
F	19~20	次小	中央	难	
G	21~22 Y	最小	近端	21、22难 Y可区别	21、22q分开，有随体，Yq平行，无随体有次缢痕

将人类体细胞的中期染色体按大小和形态特征的顺序配对，并按上述分组特征排列所构成的染色体组型，就称为染色体非显带核型。在人类正常核型中，第1~22对染色体是男女共有的，称为常染色体。X染色体和Y染色体称为性染色体。

案例5-8

经中国医学遗传学国家重点实验室确认，长春市一男性第3号和第13号染色体异常核型为全球首次发现，将被录入《中国人类染色体异常核型数据库》，国际上已决定把这个病例作为攻关课题进行研究。据了解，该男性的妻子2次怀孕均在2个月时意外自然流产。经医院遗传科专家检查，发现他的第3号和第13号染色体是经过断裂、重接而成的两个新染色体，在医学上被称为染色体平衡易位，属于人类异常染色体核型。正是这对新染色体使他形成了异常精子，导致妻子自然流产。请写出该男性的核型。

3. 核型的描述方法

按照国际标准，正常人核型的描述包括两部分内容：第一部分是染色体总数，第二部分是性染色体组成，中间用逗号隔开。例如：正常女性核型(图5-16)描述为46，XX；正常男性核型(图5-17)描述为46，XY。

如果染色体异常，核型的描述则包括三部分内容：染色体总数、性染色体组成和染色体异常情况。例如：若一男性患者比正常男性多了1条X染色体，则其核型描述为47，XXY；若一女性比正常人多了1条21号染色体，则其核型描述为47，XX，+21。

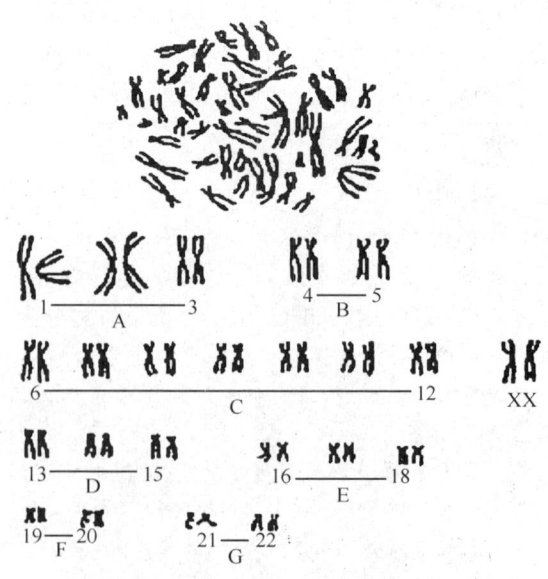

图5-16 正常女性核型

（二）显带染色体

非显带染色体除着丝粒和次缢痕外，其余部位均匀着色，不能将每一条染色体的微细特征完全显示出来，因此，很难准确鉴别每号染色体，这使得染色体结构异常的研究以及染色体病的临床诊断受到了很大的限制。随着 20 世纪 70 年代染色体显带技术的问世和发展，使染色体研究跨入了一个新纪元。

1. 显带染色体的概念

显带染色体是将染色体经过一定程序的处理，并用特定的染料染色后，使染色体在其长轴上显示出一个个明暗交替或深浅不同的横纹，这样的横纹叫染色体的带，这样的染色体叫显带染色体。

1968 年，瑞典细胞化学家首先用荧光染料喹吖因氮芥处理染色体标本，再用吉姆萨染色，在荧光显微镜下观察到每条染色体的横纹（图 5-18），从而创立了染色体显带技术。每

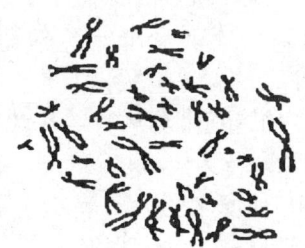
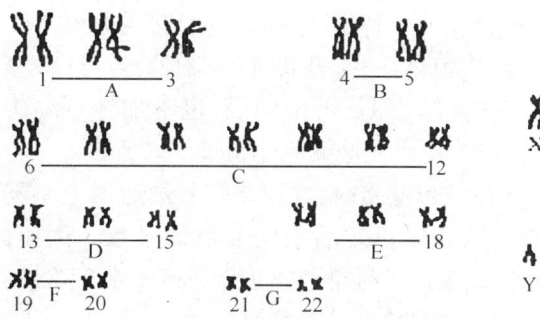

图 5-17 正常男性核型

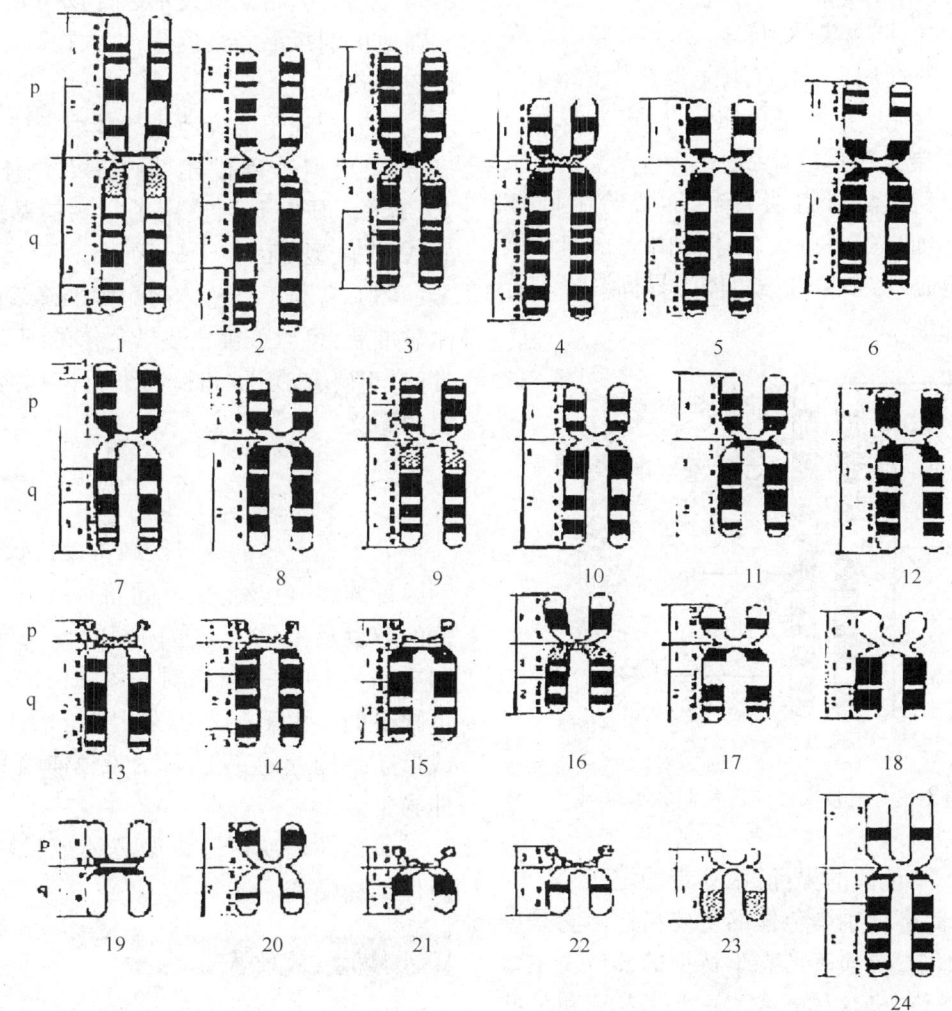

图 5-18 人类染色体显带模式图

一号染色体都有其独特的带纹,这就构成了每条染色体的带型。染色体显带技术,为染色体的研究提供了更有效的方法。

染色体的显带技术分为两大类:一类为整条染色体的显带技术,如Q带、G带和R带,另一类为染色体局部的显带技术,如C带。

(1) Q带:用荧光染料氮芥喹吖因处理染色体标本,在荧光显微镜下可见每条染色体出现宽窄和亮度不同的横纹,即荧光带被称为Q带。

(2) G带:染色体标本先经过盐、碱、热、胰酶或蛋白酶、尿素及去垢剂等处理后,再用Giemsa染液染色,也能使染色体沿其纵轴显示出深浅相间的带纹,这个带纹称为G带。G带在普通显微镜下就可以进行观察,所以为一般实验室普遍采用。

(3) R带:用热磷酸缓冲液处理染色体标本,再用吉姆萨染色可得到与G带相反的染色体带纹,称为R带。

(4) C带:染色体标本经NaOH或Ba(OH)$_2$处理后,再用吉姆萨染料染色,可专门显示着丝粒区的异染色质部分,称为C带。

2. 显带染色体的命名

根据《人类细胞遗传学命名的国际体制》,人体细胞中每条染色体是由一系列连续的带纹组成,每条显带染色体由界标划分为若干个区和带(图5-19)。

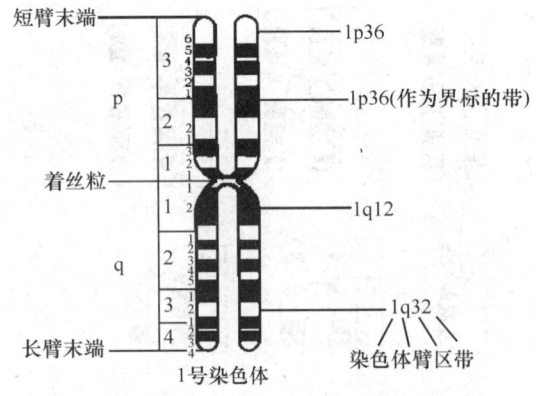

图5-19 显带染色体区带命名示意图

(1) 染色体的界标、区和带的定义

界标:是识别染色体的重要指标。它是染色体上恒定、有显著形态学特征的部位。主要包括着丝粒、染色体长臂、短臂的末端和某些特殊的带。

区:两相邻界标之间为区。

带:每一条染色体都是由一系列的带组成,没有非带区。

每条染色体的区和带均从着丝粒开始,向两臂的远端依次编号为1、2、3……。高分辨显带技术的应用,使原来的一个带又可分为几个亚带,一个亚带再分为几个次亚带。

(2) 带的描述方法

描述一个特定的带时,需要写明下列4个内容:染色体序号、臂符、区号和带号。这些符号依次连续书写,不留间隔,也不加标点。例如,1q32表示1号染色体长臂3区2带。

在描述亚带时,在原来带号数后加上小圆点,并在小圆点之后写明亚带的号数。例如,1p22.2表示1号染色体短臂2区2带2亚带。

3. 显带染色体的意义

(1) 有利于提高核型分析的精确度:同源染色体的带型基本相同,非同源染色体的带型不同,因此,应用显带技术进行核型分析,可以准确地识别每一号染色体,大大提高了核型分析的精确度。

(2) 有利于准确地进行基因定位:染色体显带后,可以准确描述基因在染色体上的位置,为深入研究基因奠定了坚实的基础,如人的ABO血型基因位于9q34处。

(3) 有利于染色体病病因准确诊断:染色体显带后,可以准确描述染色体的细微结构异常;对于研究、预防和控制染色体病有十分重要的意义。

二、染色体畸变

人类染色体的数目及结构是比较稳定的,不因种族、肤色及地区不同而有所差异。染色体的数目及染色体上基因间的一定排列顺序和空间关系的完整性,对人体的正常发育是不可缺少的。由于某种因素引起的染色体数目或形态结构上的变化,称为染色体畸变或染色体异常。

染色体畸变可分为染色体数目畸变和染色体结构畸变。

(一) 染色体数目畸变

正常人的配子(精子或卵)具有23条染色体,称为一个染色体组(n),也称为单倍体。体细胞具有分别来自父体和母体的两个染色体组染色体,称为二倍体(2n=46)。以二倍体为标准,染色体数目发生变化,称为染色体数目畸变。染色体数目畸变有3种类型。

(1) 整倍性改变:体细胞内染色体数目整组地增加或减少,称为整倍性改变。比二倍体染色体数目少一组的个体称为单倍体(n=23);比二倍体染色体数目多出一组的个体称为三倍体(3n=69);比二倍体染色体数目多出两组的个体称为四倍体(4n=92)。三倍体以及三倍体以上的个体称为多倍体。人类单倍体是不能存活的,全身三倍体为致死性,因而极少见,但三倍体在流产胎儿中较常见,是自然流产的重要原因之一。全身三倍体的形成可能是受精的卵为二倍体,本来应分给极体的那组染色体仍留在卵内;或是由于双精子受精所致;或是受精卵细胞核内染色体复制完成,而细胞不分裂造成多倍化现象。全身四倍体更为罕见。

整倍性改变的核型描述方法是:写出此细胞中全部染色体的数目,数目后加逗号,然后写出性染色体的组成。如:三倍体为69,XXY;四倍体为92,XXXX。

(2) 非整倍体性改变:体细胞内染色体数目在2n基础上增加或减少1条或数条,称为非整倍体性改变。减少一条或数条染色体的称为亚二倍体。在亚二倍体中,细胞内某号染色体数目减少一条称为单体型(2n-1)。细胞内增加一条或数条染色体称为超二倍体。在超二倍体中,细胞内某号染色体数目增多一条称为三体型(2n+1),增加两条或两条以上称为多体型。细胞内某号染色体减少而另外一号染色体数目增加,且增加数目与减少数目相等时,就称为假二倍体。常染色体的单体型严重破坏基因平衡因而是致死的,但X染色体单体型的女性可见于儿童或成人。常染色体三体型多导致流产(21、13、18 三体型除外),性染色体三体型常见一些。染色体非整倍性改变一般是由于减数分裂时发生某号染色体不分离或丢失,形成异常生殖细胞,经过受精后发育形成的。

这种染色体非整倍体性改变的描述为"染色体总数(包括性染色体),性染色体组成,+(-)畸变染色体序号"。如13号染色体三体型可描述为:47,XX(XY)+13;21号染色体单体型可描述为:45,XX(XY)-21;性染色体只有一条为45,X。

(3) 嵌合体:具有两种或两种以上染色体组成的细胞体系的个体称为嵌合体。一般认为,嵌合体是由于受精卵在最早几次的卵裂过程中,染色体不分离或丢失造成的。如核型为46,XX 和47,XX+21的嵌合体的核型描述为46,XX/47,XX+21。

(二)染色体结构畸变

染色体结构畸变的基础是染色体或染色单体断裂,形成断裂片段,断端重新连接时出现差错,使部分结构发生改变。主要有缺失、重复、倒位、易位4种形式。

1. 缺失 染色体部分片断丢失称为缺失(del)。按断裂发生的部位不同,分为末端缺失和中间缺失。染色体的末端丢失,称为末端缺失(图5-20A);一条染色体发生两次断裂,其断裂面中间的片段丢失,称为中间缺失(图5-20B)。如:46,XX(XY),del(1)(q21)表示1号染色体长臂的2区1带断裂至末端部分丢失。

2. 重复 一对同源染色体中的两条染色体同时发生断裂,一条染色体断裂下来的片断,连接到同源染色体中的另一条染色体的相应部位,结果造成前者丢失,后者重复(dup)(图5-21)。

3. 倒位 一条染色体中间发生两次断裂,如果形成的片段倒转180°重新接合,那么,虽然没有染色体物质的丢失,但基因顺序颠倒,称为倒位(inv)。如果倒位发生在同一臂内,称为臂内倒位(如图5-22A);如果两次断裂分别发生在长臂和短臂,则称为臂间倒位(如图5-22B)。

4. 易位 一条染色体断裂下来的片断接到另一条非同源染色体上,称为易位(t),主要有相互易位和罗伯逊易位。两条非同源染色体同时发生断裂,形成的两个片断彼此交换后重新连接,称为相互易位(图5-23A);罗伯逊易位(图5-23B)是相互易位的一种特殊形式,指两条近端着丝粒染色体(通常为D组、G组的染色体)在着丝粒处或其附近断裂,在重接时，两者的长臂与长臂相连，构成一条大染色体，几乎具有这两条染色体的全部遗传物质；另一条则是由两者的短臂构成的小染色体，几乎不含任何遗传物质，且由于缺乏着丝粒或几乎全由异染色质组成，故常丢失，它的存在与否不引起表型异常，如：核型为45,XX,−14,−21,+t(14q21q)，特称平衡易位携带者。

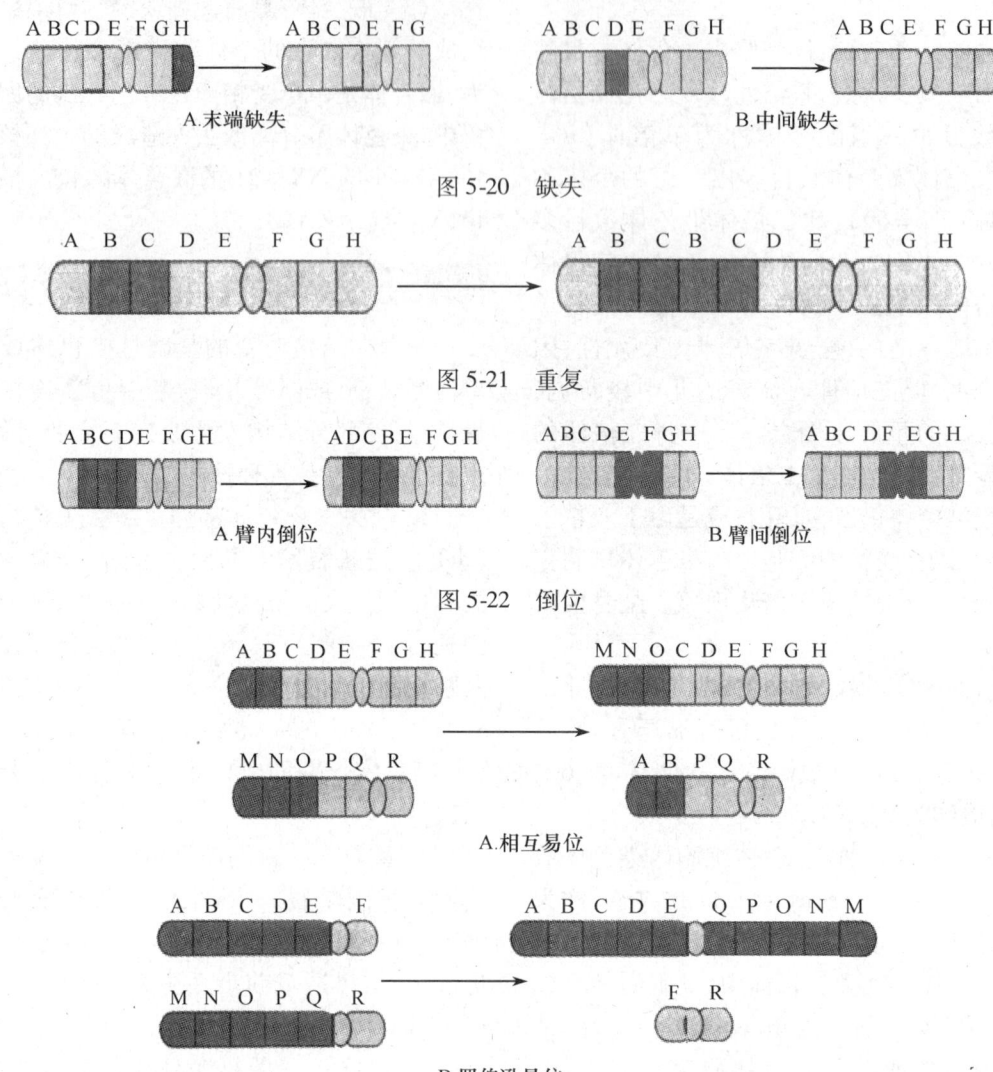

图 5-20 缺失

图 5-21 重复

图 5-22 倒位

图 5-23 易位

三、染色体病

染色体病指由于染色体数目或结构畸变所导致的疾病。因为染色体畸变时所涉及的基因较多，所以机体的异常情况可能会涉及到许多器官、系统。染色体病通常表现为具有多种症状的综合征，涉及生长迟缓、多发畸形、智力障碍和皮纹改变等，故又称为染色体畸变综合征。根据染色体畸变的类型，染色体病可分为染色体数目畸变引起的疾病和染色体结构畸变引起的疾病两大类；根据受累染色体的性质不同，染色体病可分为常染色体病和性染色体病两大类。

（一）常染色体病

常染色体病包括常染色体数目异常引起的疾病和常染色体结构畸变引起的疾病两种类型。

1. 常染色体数目异常引起的疾病

（1）21-三体综合征（Down 综合征）：1866年，英国医生 Langdon Down 首先报道此病，故此得名（图 5-24），又称唐氏综合征。

1）发病率：在新生儿中的发病率约为 1/800~1/600，是最常见的一种染色体病，男性患儿多于女性。

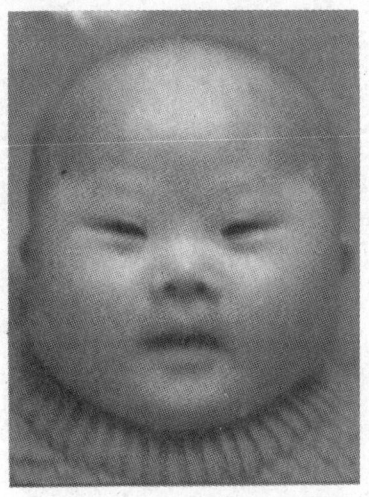
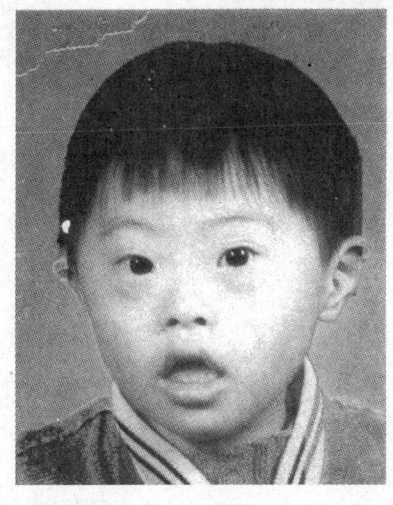

图 5-24　21-三体综合征患者

2）临床表现：患儿出生时体重和身高偏低，突出的表现是颅面部畸形，头颅小而圆，枕部扁平，脸圆而扁平，鼻扁平，眼裂小，眼外侧上斜，眼距过宽，内眦赘皮明显，常有斜视，虹膜上有白斑点，常见晶状体混浊，耳小，耳位低，耳郭畸形，嘴小唇厚，舌大外伸（故又称伸舌样痴呆）。患儿颈背部短而宽，有多余的皮肤；四肢较短，手宽而肥，通贯掌（见第 6 章第 1 节中的皮肤纹理分析），指短，第 5 指常内弯、短小或缺少指中节；腹肌张力低下，故常有腹直肌分离或脐疝。1/2 以上的患者有先天性心脏病。男性常有隐睾，尚未见有生育者；女性患者通常无月经，但有少数能妊娠和生育。精神发育迟滞或智力低下，是本病最突出、最严重的表现，但其程度在各患者不完全相同，患者的智商通常在 25~50 之间，高于 50 的很少。患者的行为、动作倾向于定型化，抽象思维能力受损最大。

3）核型：患者的核型有两种，分别为：游离型，即 47,XX(XY)，+21，占 95%。患者全身体细胞均多一条 21 号染色体，临床症状典型而且显著；嵌合型，即 46,XX(XY)/47,XX(XY)，+21，占 1%~2%。由于嵌合型通常具有两个细胞系，其症状表现取决于异常细胞所占的比例，故临床表现差异很大，但一般较游离型轻。如果三体型细胞很少，则表现与正常人无异。

4）发生原因：唐氏综合征一般是由于在形成卵的减数分裂过程中，21 号染色体发生了不分离，产生了含有两条 21 号染色体的异常卵，异常卵与正常精子受精而形成。不分离现象多发生在母方，母亲年龄是影响本病发病率的重要因素，随着母亲年龄的增长，发生染色体不分离的机会也相应增大。根据国外的资料，如果一般人出生时母亲年龄平均为 28.2 岁，则本病患儿出生时母亲年龄平均为 34.4 岁；20 岁的母亲生出患儿的几率为 1/1400，35 岁为 1/380，40 岁为 1/110，45 岁升至 1/30。嵌合型是受精卵在卵裂过程中，21 号染色体不分离造成的。

5）预后：患者平均寿命只有 16.2 岁，50% 的患者在 5 岁以前死亡，只有 8% 的患者活过 40 岁，2.6% 活过 50 岁。

（2）18-三体综合征（Edward 征）

1）发病率：新生儿的发病率约为 1/8000~1/3500，患儿中女性与男性的比例为 4∶1。

2）临床表现：患儿出生时体重低，平均仅 2243g，发育如早产儿，吸吮差，反应弱，头面部有严重畸形，头长而枕部凸出，面圆，眼距宽，有内眦赘皮，眼球小，角膜混浊，鼻梁细长，嘴小，耳位低，耳郭畸形（动物样耳），颌小。患儿颈短，有多余的皮肤；全身骨骼肌发育异常；胸骨短，骨盆狭窄。手的畸形非常典型：紧握拳（图 5-25），拇指横盖于其他指上，其他手指互相叠盖，指甲发育不全，手指弓形纹过多，约占患者全部指纹的 90% 以上，十指均为弓形纹的患者超过 40%，少于 6 个弓形纹的患者极罕见，约 1/3 的患者为通贯掌。大约 53% 的患儿可见手掌 t 点高位，atd 角因此而增大。下肢最突出的是"摇椅底足"，趾短，向背侧屈起。外生殖器畸形比较常见的有，隐睾或大阴唇和阴蒂发育不良等。肾畸形，肾盂积水也很常见。95% 的病例有先天性心脏病，这是死亡的重要原因。患儿智力有明显缺陷。

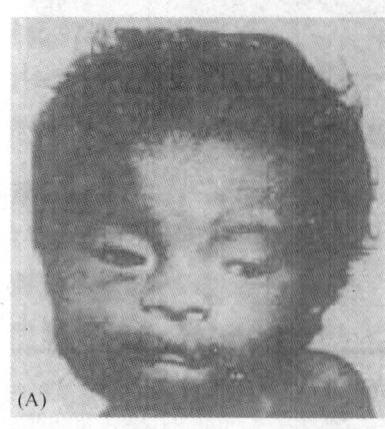 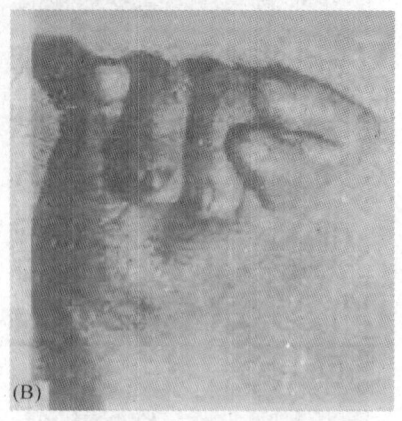

图 5-25　18-三体综合征患者（A）面部特征；（B）手的典型握拳式

3）核型：患者核型多为 47，XX（XY），+18；少数患者的核型为嵌合型，即 46，XX（XY）/47，XX（XY），+18。

4）发生原因：同唐氏综合征的发生机制一样，18-三体型的发生，一般是由于患者的母亲在形成卵的减数分裂过程中，18号染色体发生了不分离，产生了含有两条18号染色体的异常卵，而该卵又与正常精子受精。嵌合型是由于受精卵在早期卵裂过程中18号染色体不分离造成的。母亲的年龄是影响发病率的重要因素，52% 的患儿出生时母亲年龄在35岁以上。

5）预后：患儿大多数在 2～3 个月内死亡，平均存活 71 天。

(3) 13-三体综合征：1960 年，Patau 首先描述本病，故又称为 Patau 综合征。

1）发病率：新生儿中的发病率约为 1/6000～1/5000，女性明显多于男性。

2）临床表现：患儿的畸形和临床表现（图 5-26）要比唐氏综合征严重得多。患儿颅面的畸形包括小头，前额、前脑发育缺陷，无嗅脑，眼球小，常有虹膜缺损（虹膜裂），鼻宽而扁平，2/3 患儿有上唇裂并常有腭裂，耳位低，耳郭畸形，颌小。其他常见多指（趾），手指相盖叠，足跟向后突出及足掌中凸，形成"摇椅底足"。男性常有阴囊畸形和隐睾，女性则有阴蒂肥大以及双阴道、双角子宫等。内脏畸形非常普遍，如心室或心房间隔缺损、动脉导管未闭、多囊肾、肾盂积水等。由于内耳螺旋器缺损造成耳聋，智力发育障碍见于所有的患者，而且程度严重。存活较久的患儿还有癫痫样

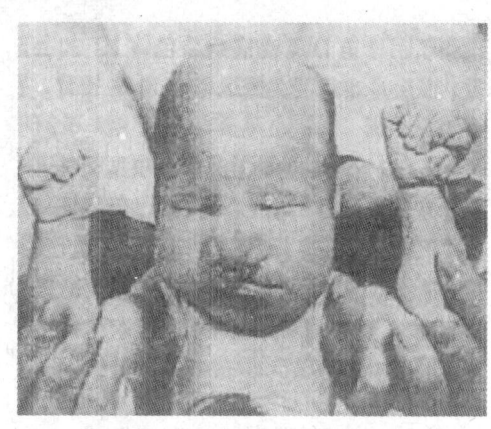

图 5-26　13-三体综合征患者

发作、肌张力低下等。

3）核型：80% 的病例为 47，XX（XY），+13，其余则为嵌合型。

4）发生原因：母亲高龄可能是原因之一，患儿母亲的平均年龄为 31.6 岁，父亲的平均年龄为 34.6 岁。此外，国外资料表明，79% 的病例妊娠于寒冷季节。

5）预后：45% 的患儿在出生后1个月内死亡，存活至3岁者少于5%，平均寿命为 130d。

2. 常染色体结构畸变引起的疾病

(1) 猫叫综合征（5P⁻综合征）

1）发病率：本病发病率约为 1/50 000。在出生时查知的这种患者中，约 70% 是女孩，而在较大年龄的病孩中，约 70% 是男孩。

2）临床表现：患儿在婴幼儿时期的哭声非常似小猫叫，故得名"猫叫综合征"（图 5-27），但随着年龄增长，猫叫样哭声会逐渐消失。常见的临床表现还有小头、满月脸、眼裂过宽、内眦赘皮、下颌小且后缩。患儿面部表

情似很机灵,但实则智力低下非常严重(智商常低于20),发育迟滞也很明显,咽喉部发育不良。50%有先天性心脏病,主要是室间隔缺损和动脉导管未闭等。

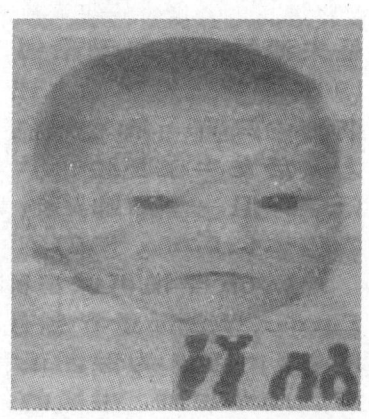

图5-27 猫叫综合征患者及其部分核型

3)核型:患者的核型为46,XX(XY),5P⁻,即患者的第5号染色体之一的短臂有缺失。

4)发生原因:患者父母之一在配子形成过程中,第5号染色体有断裂现象,产生了第5号染色体有短臂缺失的配子,此配子受精后引起异常发育而形成5P⁻综合征。

5)预后:患者的病死率低,大多数患者能活到成年。

(2) 慢性粒细胞白血病

1)发病率:据估计,我国慢性粒细胞白血病(CML)的发生率约为3/100 000。

2)临床表现:此病是由于白细胞系统恶性增生而浸润骨髓及各组织器官的恶性疾病,以青壮年患者居多,按自然病程分慢性期和急性期。慢性期常现为低热、乏力、消瘦、盗汗、左上腹饱胀不适,有贫血及出血倾向;急性期表现为原因不明的发热、骨关节痛、贫血加重、脾大等。

3)核型:患者的核型为46,XX(XY),t(9;22)(q34;q11)。

4)发生原因:此病患者的一条9号染色体在q34处断裂,一条22号染色体在q11处断裂,相互易位后形成两条异常染色体,其中较小的那条称为费城染色体(Ph¹染色体)。

5)预后:费城染色体的数量变化,可以反映出患者病情的改变。

(3) 易位型先天愚型

1)发病率:约占先天愚型患者的3%~4%。

2)临床表现:患者的临床表现同唐氏综合征。

> **案例5-9**
>
> 有1对外表正常的夫妇,怀孕5胎中有2胎流产。存活的3个孩子中,长女表型正常,但其染色体数目为45条;存活的两个男孩的染色体都是46条,其中1个是先天愚型患者。
> 1. 分别写出这两个男孩的基因型。
> 2. 请解释男孩的发病原因是什么?患哪类染色体疾病?
> 3. 长女婚后会出现什么症状?会生出先天愚型患儿吗?如果能,是否能防止患儿的出生?

3)核型:核型有多种,最常见的核型为46,XX(XY),-14,+t(14;21)(p11;q11)。即细胞少了一条正常的14号染色体,多了一条由14号和21号染色体罗伯逊易位形成的异常染色体,这种易位可以是新发生的,也可以是由患者的双亲遗传而来。后一种情况下,双亲之一为14/21易位携带者,其核型为45,XX(XY),-14,-21,+t(14;21)(p11;q11)。若易位携带者与正常人婚配,后代可能出现以下六种情况:正常人、易位携带者、易位型先天愚型患者、14号三体、14号单体和21号单体。其中,后三种情况往往不易成活而易引起流产,故在能出生的婴儿中正常核型、易位型唐氏综合征和平衡易位型各占1/3。但实际的发病风险大约只有10%,低于理论上推算的数值。

(二)性染色体病

性染色体病包括性染色体数目异常引起的疾病和性染色体结构畸变引起的疾病两种类型。一般来说,性染色体病对人类的危害程度要比常染色体病的危害程度轻。

1. 性染色体数目异常引起的疾病

(1) 先天性睾丸发育不全征(Klinefelter综合征):最先由Klinefelter做临床特征的描述,故而得名,本病又称细精管发育障碍症。

1)发病率:本病在活产男婴中的发病率约为1/800,在男性不育中约占5%。

2)临床表现:患者曲细精管透明变性,也称玻璃样变性,睾丸小,无精子发生,无生育能力。患者体形似男性,四肢长,身材高,但体毛稀少，无胡须或少胡须。约 1/4 的患者可能有女性型乳房。本病在婴儿期往往无症状，偶有患者表现为精神淡漠、语言功能发育迟缓、反应迟钝、主动性不足等。学龄期患儿可能发现学习困难、心理障碍等现象。随着年龄的增长，症状渐趋明显。这是由于，患者睾丸内的雄性激素转变为雌性激素较多，卵泡刺激素分泌增多，血液循环中雌激素与雄激素的比例失调，导致产生相关的女性化特征。

3) 核型：患者的典型核型为 47,XXY。检查间期细胞核，X 染色质呈阳性，Y 染色质呈阳性。部分患者的核型为 48,XXXY 或 49,XXXXY，也有患者的核型为 46,XY/47,XXY 嵌合型。上述各种核型中多余 X 染色体数目的多少与患者的智力发育程度有关，X 染色体越多，智力越低下，这说明多余的 X 染色体对正常的性别分化、发育是有害的。

4) 发生原因：因患者双亲的生殖细胞在减数分裂时或受精卵在卵裂时，出现性染色体不分离所致。经分析表明，60% 的患者是由于母方、40% 是由于父方染色体不分离所致，随着亲代年龄的增长，生出本病患儿的几率也相应增加。

(2) XYY 综合征：

1) 发病率：在男婴中的发病率为 1/900。

2) 临床表现：XYY 男性的表型是正常的，患者身材高大，常超过 180cm，偶尔可见隐睾、睾丸发育不全、生育力下降、尿道下裂等，但大多数男性可以生育。XYY 个体易于兴奋，易感到欲望得不到满足，厌学，自我克制力差，易产生攻击行为。

3) 核型：47,XYY。

4) 发生原因：XYY 核型的形成是父亲在形成精子的过程中，第二次减数分裂时发生 Y 染色体不分离的结果。

(3) 先天性卵巢发育不全征（Turner 综合征）：1938 年，美国内分泌专家 Henry Turner 首次描述本病，故而得名。

1) 发病率：发病率约为女婴的 1/5000～1/3500。约 98% 的胚胎于胎儿期自然流产，故本病的发病率低。

2) 临床表现：患者外观女性，体矮（多在 150cm 以下），原发性闭经，乳房发育差，乳头发育不全，乳间距宽，卵巢发育差，呈条索状，无滤泡生成而不育，子宫发育不全，外阴幼稚型。60% 的患者有蹼颈，后发际低，上睑下垂，内眦赘皮，鲤鱼样嘴，肘外翻，指（趾）甲发育不全。约 1/2 的患者伴心、肾畸形，如主动脉狭窄、马蹄肾等。患者指纹嵴线总数增加，多数 t 三叉点正常，少数为 t 三叉点高位，atd 角增大。

3) 核型：患者核型为 45,X。X 染色质阴性（-），Y 染色质阴性（-）。也有患者核型为 45,X/46,XX 嵌合型，但嵌合型的体征不典型，只有体矮、条索状性腺和原发性闭经等症状。

案例 5-10

某女子怀孕进行了产前诊断，其结果是：胎儿的染色体总数为 45 条，而 X、Y 染色质均为阴性，试问该胎儿是让其自然分娩好，还是人工终止妊娠好。

1. 写出该胎儿的核型，并说明患的是什么病？
2. 试解释出现这种患儿的原因。
3. 你对孕妇有何建议，并阐述你的理由。

4) 发生原因：本病的发生是双亲配子形成过程中，发生性染色体不分离所致，约 75% 的染色体不分离发生在父方。在父方形成精子的减数分裂中，由于 X 与 Y 染色体发生了不分离，因而产生 XY 型和 O 型精子，O 型精子与正常卵受精后即形成 45,X 核型。由于 45,X 型的受精卵成活率低，大多死于胚胎早期，所以本病的发病率大为降低。嵌合型是由于受精卵在早期卵裂时发生染色体丢失所造成的。

(4) XXX 综合征：

1) 发病率：发病率约为 1/2250。

2) 临床表现：多数具有三条 X 染色体的女性无论外形、性功能还是生育能力都是正常的，只有少数患者有月经减少、继发性闭经或过早绝经等现象。大约有 2/3 的患者智力稍低，并有患精神病倾向。

3) 核型：患者的典型核型为 47,XXX，还有一些患者的核型为嵌合型，即 47,XXX/46,XX。

4) 发生原因：本病的发生主要是由于母亲卵子形成过程中，X 染色体不分离，形成了

XX型卵,该卵与正常精子受精所致。患者母亲的年龄是影响发病率的重要因素。少数患者有4条甚至5条X染色体,一般来说,X染色体愈多,智力损害和发育畸形愈严重。

2. 性染色体结构畸变引起的疾病　脆性X综合征:患者一条X染色体在Xq27处呈细丝样结构,且所连接的长臂末端形似随体,这条X染色体被称为脆性X染色体(fraX),细丝样部位被称为脆性部位。由脆性X染色体所导致的智力低下等一系列病症称为脆性X综合征。

1) 发病率:本病在男性群体中发病率较高,约为1/1500~1/1000,仅次于唐氏综合征。在男性智力低下患者中,约10%~20%由本病引起。

2) 临床表现:表现为中、重度智力低下,其他常见的特征还有身高和体重超过正常儿,发育快。面容特殊:前额突出,面中部发育不全,下颌大而前突,大耳,高腭弓,唇厚,下唇突出。男性患者青春期后可表现为大睾丸症,指纹中桡侧箕、斗形纹和弓形纹的出现频率增加,掌纹中常有c三叉点缺如、通贯手。一些患者易产生攻击行为或孤僻症,部分患者还有多动症,20%的患者有癫痫发生。

> **案例 5-11**
>
> 某男子的主要临床表现:中重度智力低下,头大、方额、长脸、下颌大而突起,大耳朵,大睾丸,语言障碍,性情孤僻,淡蓝色巩膜。
>
> 其父母表型正常,经检查该男子核型为46,fraX(q27)Y。
>
> 1. 请说明该男子可能患有哪种疾病?
> 2. 患病的原因是什么?

3) 核型:患者核型为:46,fraX(q27)Y。发病原因:一般认为,男性患者的fraX来自携带者母亲。女性由于有两条X染色体,故携带者女性不会发病,但实际上约有1/3的女性携带者有轻度智力低下,这一事实可用Lyon假说来解释:由于女性的两条X染色体中有一条失活且失活是随机的,故造成女性携带者中部分人有轻度智力低下。

3. 两性畸形　两性畸形指一个个体在内外生殖系统或第二性征等方面兼具两性的特征。体内既有男性性腺又有女性性腺的患者,被称为真两性畸形;若患者体内仅有一种性腺,而外生殖器具有两性的特征,则称为假两性畸形。

(1) 真两性畸形:在真两性畸形患者体内可有独立存在的睾丸或卵巢,或者两者融合而成的卵巢睾,外生殖器及第二性征不同程度地介于两性之间。患者的社会性别可为男性或女性,约2/3患者的外生殖器表现为男性。根据患者的核型,现将几种真两性畸形分别介绍如下:

1) 46,XX真两性畸形:此型约占真两性畸形患者的50%以上,患者外表可为女性,也可为男性,外表为男性的患者在青春期后会逐渐地出现女性性征。患者体内同时具有男性和女性的性腺,一侧为卵巢、输卵管及发育良好的子宫,另一侧为睾丸或卵巢睾,但输精管发育不良。外生殖器为阴茎而无阴囊,伴有尿道下裂,一般进行激素及手术治疗。

2) 46,XY真两性畸形:外表为男性,但第二性征似女性,体内一侧为睾丸,另一侧为卵巢睾,有发育不良的输精管、输卵管和子宫;外生殖器为阴茎,阴囊中空,有尿道下裂,阴毛分布女性化。可进行激素及手术治疗。

3) 46,XX/46,XY真两性畸形:为嵌合型,根据不同核型的细胞所占比例不同,患者外观可为男性或女性。患者体内一侧为睾丸,一侧为卵巢;或一侧为睾丸,一侧为卵巢睾,输精管、输卵管均可发育良好。根据不同核型细胞的比例不同,患者外阴部可有不同的分化,若外阴为阴茎,则有尿道下裂;若外阴为阴道,则阴唇皮下有包块。对这类患者进行手术矫正时,治疗原则是:不具有男性性功能的,向女性矫正,同时切除睾丸等以防癌变。

(2) 假两性畸形:假两性畸形患者体内仅有一种性腺,外表和第二性征极为模糊,难以判定性别。根据性腺的不同,可分为两种。

1) 男性假两性畸形:又称男性女性化,患者核型为46,XY,外观仿佛是正常的女性,外生殖器也似女性,有阴唇和阴道,但阴道短浅,末端为一盲端。患者体内有睾丸组织。

2) 女性假两性畸形:女性男性化,患者核型为46,XX,外生殖器兼具两性特征,第二性征为男性,但性腺为卵巢。

第4节 先天性代谢缺陷与分子病

人类的一切形态特征和生理生化特征，都是通过基因控制蛋白质和酶的合成而决定的。基因若发生突变，蛋白质和酶的合成便出现异常，便会由此引起相应的疾病。根据缺陷蛋白和酶对机体所产生的影响不同，可将这类疾病分为先天性代谢缺陷和分子病。

一、先天性代谢缺陷

先天性代谢缺陷（hereditary enzymopathy）是指由于基因突变导致催化机体代谢反应的某种特定酶的缺陷，使机体某些代谢反应受阻而间接引起的疾病，又称为遗传性酶病。

（一）先天性代谢缺陷的发病机制

一个机体任何遗传性状的形成，都要经过一系列的代谢过程才能实现，每一个代谢步骤都要依靠某一基因控制的某一特定酶来催化。在正常情况下，基因通过转录形成 mRNA 来控制酶的合成，从而控制一系列的生化反应。当某一基因发生突变后，由原基因控制的某种酶的合成便不能正常进行，代谢过程就将发生紊乱和中断。如图5-28所示，A 物质在 AB、BC、CD 三种酶的催化下经过 B、C 阶段，最后形成产物 D。如果 CD 基因突变成为 C/D，则经转录、翻译而合成的酶也会出现异常，这时 A→B、B→C 两个反应仍能正常进行，而 C→D 反应则不能顺利进行，甚至完全停止，这就会导致最终代谢产物 D 缺乏，代谢中间产物 C 积聚，代谢前身物质 A 或 B 堆积，使代谢途径转向，引起代谢紊乱而导致先天性代谢缺陷。

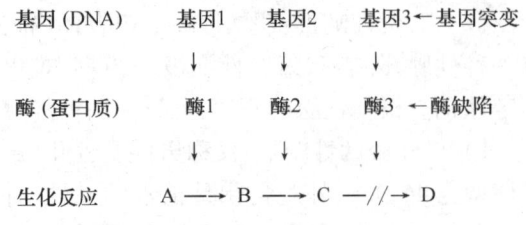

图5-28　先天性代谢缺陷发病机制图解

（二）苯丙氨酸代谢异常引起的疾病

人类的苯丙氨酸代谢是说明基因通过控制酶的合成而决定性状发育的典型实例。苯丙氨酸是人类食物中的必需氨基酸。苯丙氨酸的代谢途径如图5-29所示。苯丙氨酸代谢异常引起的常见疾病有：

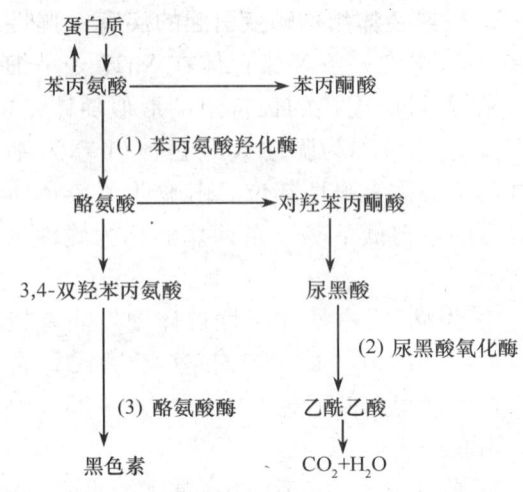

图5-29　苯丙氨酸代谢图解

1. 白化病　是常染色体隐性遗传病。患者由于编码酪氨酸酶的基因发生突变，体内不能合成酪氨酸酶，或此酶合成不足、活性低下，不能形成黑色素，结果导致白化病，患者皮肤、毛发、虹膜、眼底都缺少黑色素，全身毛发呈白色，皮肤、虹膜和瞳孔呈粉红色或淡红色，畏光。

2. 苯丙酮尿症　苯丙酮尿症是一种较常见的常染色体隐性遗传病。主要是由于患者编码苯丙氨酸羟化酶的基因发生突变，导致体内缺乏苯丙氨酸羟化酶，使苯丙氨酸不能转化为酪氨酸而变成苯丙酮酸，苯丙酮酸在血液和脑脊液中积聚，部分从尿中排出所致。

（1）临床表现：患儿新生儿期无特殊症状，头发常乌黑，皮肤白嫩，可有呕吐及湿疹；5～6个月后出现智力低下，头发颜色由黑逐渐变黄，身体有霉臭味，尿有鼠尿样气味，易流口水及出汗，有反复发作的惊厥，肌张力高，躯干前后摇摆，行动困难。

（2）治疗：此病对3岁以下儿童会影响中枢神经系统的正常发育，因此，越早发现、越早治疗对患儿的智力发育影响越小，疗效视发现的早晚及治疗情况而定。3个月内发现，可避免脑损害。6个月时发现并治疗，1/3 有智力发育不全。目前，国内只有极少数医院开展了苯丙酮尿症的治疗。治疗原则是采用低苯丙氨酸饮食疗法，限制食物中苯丙氨酸的含量，以使血液中苯丙氨酸的浓度控制在 20～100mg/L 之间。

任何蛋白质中都含有4%~6%的苯丙氨酸,肉类食物由于蛋白质含量高,故应禁食;粮食中含蛋白质约7%~10%,也应限制。哺乳期的婴儿要食用低苯丙氨酸奶粉;或用低苯丙氨酸的水解蛋白代替;若用牛奶,一日不应超过250g,另加藕粉、菜水、菜泥。1岁以上的儿童可用南瓜、藕、胡萝卜、山药等含淀粉高而蛋白质含量低的食物代替主食中的粮食。

3. 尿黑酸尿症 尿黑酸尿症为常染色体隐性遗传病。由于患者编码尿黑酸氧化酶的基因发生突变,导致体内缺乏尿黑酸氧化酶,不能使尿黑酸继续分解而积聚于血液中,部分随尿液排出所致。

二、分子病

蛋白质对于人类来说,是十分重要的生命物质,人体内蛋白质大概有10万种左右,每种蛋白质都有一定的分子结构,分布在身体的一定部位,执行特定的生理功能。蛋白质合成受基因控制,即由DNA分子上的碱基顺序决定蛋白质分子的氨基酸顺序。如果DNA分子上的碱基顺序发生改变(基因突变),由它编码的蛋白质就发生相应的改变,由此可能引起一系列的病理变化,从而导致疾病。这种由基因突变造成蛋白质分子结构或数量异常所引起的疾病,称为分子病(molecular disease)。分子病的种类很多,镰状细胞贫血症是其典型病例。

镰状细胞贫血症是异常红细胞综合征的经典例子。成人正常血红蛋白(HbA)由2条α链和2条β链组成,α链由141个氨基酸构成,β链由146个氨基酸构成,β链第6位氨基酸是谷氨酸。镰状细胞贫血患者的血红蛋白为HbS,其β链第6位氨基酸是缬氨酸。这是由于正常人血红蛋白的DNA分子中1个碱基突变,由A变成T,使遗传密码发生改变,则GAG变为GUG,缬氨酸取代了谷氨酸,正常血红蛋白HbA变成HbS,从而导致镰状细胞贫血。

镰状细胞贫血患者含有血红蛋白S的红细胞,在氧分压低时,扭曲成镰刀状(镰变),这样的红细胞往往很僵硬,不能通过微循环,使血液黏滞度增加,形成红细胞堆积,阻塞局部的血液循环,引起局部缺氧、缺血,甚至坏死。本病杂合体一般不出现严重的临床症状。

人类单基因遗传分为五种主要遗传方式:常染色体显性遗传、常染色体隐性遗传、X连锁显性遗传、X连锁隐性遗传和Y连锁遗传。显性遗传的特点是连续遗传,隐性遗传特点是隔代;常染色体遗传特点是男女发病率相等,性染色体遗传特点是男女发病率不等。

多基因遗传是遗传和环境双重作用的结果。人类的多数性状特别是一些常见的、慢性的疾病都属于数量性状,患者的临床症状因人而异、因环境而异,虽然遵循遗传规律,但易受环境因素影响,对后代情况难以估计。

染色体病按其改变的染色体性质分为常染色体病和性染色体病两种,按其染色体变化的类型分为染色体数目病和染色体结构病两种。染色体病的临床症状主要表现在以下几个方面:生长发育迟缓、智力缺陷、多发畸形和皮肤纹理的改变等。

分子病与先天性代谢缺陷均属于遗传病。它们的本质相同,都是由基因突变引起蛋白质分子结构或合成量异常所致。但两者又有区别:分子病是由于血红蛋白分子结构或数量异常而引起的各种有害的临床症状;先天性代谢缺陷则是由酶蛋白量或质的变化,而引起它所催化的各种代谢反应发生紊乱和中断,从而影响个体性状发育。

一、名词解释
1. 携带者 2. 单基因遗传 3. 交叉遗传 4. 多基因遗传 5. 数量性状 6. 遗传度 7. 多基因病
8. 单体型 9. 染色体病 10. 先天性代谢缺陷
11. 分子病

二、填空题
1. 人类的单双眼皮、惯用左右手、有无耳垂是_____性状,受_____对基因控制,环境对其表型影响_____;而人类的血色素、血压、心率、身高、智力是_____性状,受_____对基因控制,环境对其表型影响_____。
2. 某人患唇裂,其发病的因素有_____和_____,并预测其子女患唇裂的可能性是_____。
3. 先天性心脏病的遗传度是35%,说明该病的主要原因是_____,而精神病分裂症的遗传度是80%,说明该病的主要原因是_____。
4. 染色体数目畸变的类型有_____、_____、_____三种,引起其变化的主要原因是_____。

5. 染色体病按其改变的染色体性质分为＿＿＿＿和＿＿＿＿两种，按其变化的染色体类型又可分为＿＿＿＿和＿＿＿＿两种。
6. 先天愚型的核型有＿＿＿＿、＿＿＿＿、＿＿＿＿三种类型。
7. 某人染色体检查结果出现有"费城染色体"说明此人可能患＿＿＿＿病。
8. 真假两性畸形的主要区别是否有＿＿＿＿。
9. 人类正常染色体数目为＿＿＿＿条；正常男性核型写作＿＿＿＿，正常女性核型写作＿＿＿＿。
10. 每条染色体均由2条染色单体组成，互称为＿＿＿＿。
11. 人类染色体可分为3种类型，分别为＿＿＿＿、＿＿＿＿、＿＿＿＿。
12. 分析染色体非显体核型时，X染色体被编到＿＿＿＿组，Y染色体被编到＿＿＿＿组。
13. 先天性睾丸发育不全症患者核型是＿＿＿＿。
14. 2p23.12 表示＿＿＿＿。

三、单项选择题

1. A型血女性和O型血男性婚配，后代中可能出现的血型是 （   ）。
   A. A型　　　　　B. AB型
   C. A型或O型　　D. O型
2. 表兄妹之所以不能结婚，是因为他们有（   ）。
   A. 亲戚关系　　　B. 1/2的基因相同
   C. 1/4的基因相同　D. 1/8的基因相同
3. 性连锁显性遗传中，若女性患者与正常男性婚配，儿子的发病率是 （   ）。
   A. 1　　　　　　B. 1/4
   C. 1/2　　　　　D. 0
4. 多基因遗传病的发病受 （   ）。
   A. 环境因素的影响
   B. 遗传因素的影响
   C. 环境和遗传因素的双重影响
   D. 以上都不对
5. 多基因假说用来说明 （   ）。
   A. 质量性状的遗传　B. 数量性状的遗传
   C. 两对性状的遗传　D. 一对性状的遗传
6. 关于多基因遗传的说法不正确的是 （   ）。
   A. 人类肤色遗传是属于多基因遗传
   B. 父母的易患性基因越多，其后代的发病率就越高
   C. 当两个极端类型杂交时，子代也一定表现为极端类型
   D. 控制数量性状的基因是微效基因
7. 下列关于多基因遗传病叙述中不正确的是 （   ）。
   A. 病情越严重其后代发病风险越大
   B. 随着亲属级别的降低，患者亲属发病率明显升高
   C. 发病因素中有环境因素的作用
   D. 家庭中多基因病人越多，则再发风险越大
8. 下列导致镰状细胞贫血的原因不正确的是 （   ）。
   A. 血红蛋白的α链上一个氨基酸的改变所致
   B. 血红蛋白的β链上第6位的谷氨酸被缬氨酸代替引起
   C. DNA分子碱基对的改变引起
   D. 基因突变引起
9. 下列哪种不是先天性代谢缺陷所致疾病 （   ）。
   A. 尿黑酸尿症　　B. 苯丙酮尿症
   C. 白化病　　　　D. Turner综合征

四、B型选择题

A. 45, X　　　　　　　B. 47, XX(YY), +21
C. 47, XX, +18　　　　D. 46, XY, del(5p)
E. 47, XXY

1. 先天愚型患者的最常见核型是 （   ）。
2. 猫叫综合征的核型是 （   ）。
3. Klinefelter综合征的核型是 （   ）。
4. Turner综合征的核型是 （   ）。
5. Edward综合征的核型是 （   ）。

A. 46, fraX(q27)
B. 47, XX, −14, +t(14q21q)
C. 46, XY/47, XY +21
D. 46, XY, t(9;22)(q34;q11)
E. 46, XX/46, XY

6. 嵌合型先天愚型的核型是 （   ）。
7. 真两性畸形的核型是 （   ）。
8. 脆性X染色体综合征的核型是 （   ）。
9. 易位型先天愚型的核型是 （   ）。
10. 慢性粒细胞白血病的核型是 （   ）。

五、简答题

1. 单基因遗传方式有哪几种？
2. 什么是常染色体隐性遗传？为什么要避免近亲结婚？
3. 母亲是抗维生素D佝偻病患者，父亲正常，生有一儿子为抗维生素D佝偻病患者，现欲生第二胎，问：如果是女儿，患抗维生素D佝偻病的可能性有多大？试绘出家系图谱，并写出家庭成员的基因型。
4. 什么是多基因遗传病？多基因遗传病有哪些遗传特点？
5. 简述多基因假说的内容。
6. 试述染色体病的综合特征是什么？
7. 性染色体畸变的类型有哪些？
8. 分析唐氏综合征的形成原因。
9. 先天性代谢缺陷的发病原理是什么？
10. 苯丙氨酸代谢异常引起的疾病有哪些？各有哪些临床症状？

第 6 章 遗传病的诊断与防治

学习目标

1. 说出产前诊断、基因诊断、遗传咨询、基因治疗的概念
2. 描述遗传病的诊断方法及遗传病的预防环节
3. 叙述婚前检查的主要内容和意义
4. 简述遗传病的治疗原则及常用方法

目前,遗传病的诊断与防治问题尚未得到根本性解决,但已有一些较为可行的诊断及防治措施,可有效地预防和减少遗传病的发生,缓解遗传病患者的痛苦,减轻家庭和社会负担,提高人口素质。随着分子遗传学研究的飞速发展,将会大大地推动遗传病诊断和防治的深入研究和探索。

第 1 节 遗传病的诊断

遗传病的诊断是做好遗传病防治工作的基础。绝大多数遗传病至今尚无有效的治疗手段,早期诊断、早期处理、避免患儿的出生,对提高遗传病患者的预防效果,减少遗传病的发病率至关重要。

目前,遗传病诊断主要包括临床诊断、症状前诊断和产前诊断。

一、临床诊断

遗传病的临床诊断即临症诊断,是医务工作者根据患者已出现的临床表现进行疾病的诊断分析和遗传方式的判断,是遗传病诊断的主要内容。

遗传病的诊断除用一般疾病普遍采用的诊断方法,(如病史采集、症状和体征检查、实验室检查、辅助性器械检查等)外,还需要用遗传学的特殊诊断手段,如染色体和性染色质检查、特殊酶和蛋白质的生化分析、携带者检出、系谱分析、皮纹分析,以及产前诊断和基因诊断等。

(一) 询问病史体格检查

1. 询问病史 遗传病多有家族聚集现象,病史采集除一般病史外,应着重于婚姻史、家族史和生育史。婚姻史中应主要了解婚龄、婚次、配偶健康状况、生活习惯以及是否为近亲结婚等。家族史中应着重了解患者家族成员有无同病患者。对生育史则应重点了解生育年龄、胎次、子女数目及健康状况、孕期病史以及有无流产、死产、早产、难产史及产程情况(如有无产伤、窒息等)。

由于一些出生缺陷是因母亲接触有害环境引起的,因此还应询问孕妇妊娠早期有无患病毒性疾病和性病,是否接触过致畸因素和服用过不当药物,是否有接受电离辐射史和接触化学物质史。

2. 症状和体征 症状和体征是诊断遗传病的重要依据,有些遗传病有比较明显的特异性症候群,可为诊断提供重要线索。

应当注意,遗传病普遍存在遗传异质性,遗传异质性是指表现型一致的个体或同种疾病临床表现相同,但可能具有不同的基因型,大部分遗传病都可能存在遗传异质性,若仅以症状和体征为线索诊断遗传病会很困难,故必须借助于其他辅助诊断手段。

先天性聋哑

先天性聋哑(AR)存在明显的遗传异质性。曾报道一对夫妇均为聋哑,但所生子女全部正常,说明这对夫妇的基因缺陷不在同一位点。如用 d 和 e 分别代表着两个有关的隐性致病基因,父亲可能是 ddEE;母亲是 DDee。他们的子女将全是杂合子 DdEe,每个基因位点上都有一个显性的正常等位基因,因此都是正常的听觉。

（二）系谱分析

系谱分析不仅有利于确定病人是否为遗传病患者，还可借系谱判断疾病的遗传方式，区分表型相似的遗传病和相同疾病的不同亚型，对遗传病的诊断至关重要。为了使绘制的系谱能准确地反映出患者家系的发病特点，应尽可能地从患者及其家族中获得完整、准确、详细、可靠的资料。因此，医生对家族中的发病成员应亲自诊查，不能只听咨询者口述。系谱中的成员数目愈多愈有说服力，所以，搜集家族性发病病例资料要有耐心，并注意患者家属的心理状态，以防提供不真实的资料，影响分析结果的正确性。在做遗传方式判断时，要注意有些遗传病存在遗传异质性或外显不全而呈"隔代"现象，或由于某些遗传病迟发表现等原因，以致系谱的遗传方式不够典型，这时应参照文献资料确定其遗传方式。

（三）染色体和性染色质的检查

1. 染色体检查 又称核型分析，是较早应用于遗传病诊断的辅助手段，是确诊染色体病的主要方法。染色体检查所用的标本，主要取自外周血、绒毛膜、羊水中的脱落细胞和脐血以及皮肤等组织。当患者有下列情况之一时，建议进行染色体检查。

（1）有明显的智力发育不全、生长迟缓，或伴有其他先天畸形，如唇裂、腭裂或生殖系统畸形者。

（2）习惯性流产。夫妻任何一方是异常染色体携带者时都可造成习惯性流产，所以应要求双方同时进行染色体检查。

（3）原发性闭经和女性不孕症。

（4）无精子症及男性不育症。

（5）两性内外生殖器畸形者。

（6）家族中已有染色体异常或先天畸形的个体，再次生育时要做染色体检查进行产前诊断，避免再次生育患儿。

（7）35岁以上的高龄孕妇，应做产前诊断。

（8）智力低下伴有大耳朵、大睾丸或多动症的患者。

（9）接触各种致畸物质（需估计其造成的危害程度）者。

案例 6-1

某夫妇生有一儿子，其面容特殊，鼻梁低平，两眼外眼角向上翘。口常半张，流口涎。智力严重低下，无语言能力。

请分析：本病是遗传病吗？要做哪些检查？哪些人应去做检查？如果这对夫妇想再生一个健康的孩子应该怎么办？

2. 性染色质检查 包括X染色质和Y染色质检查，可作为染色体检查的一种辅助手段。当性染色体数目异常时，性染色质数目就会有改变。

通过性染色质检查可以达到以下目的：

（1）确定胎儿的性别以助于X连锁遗传病的诊断。

（2）协助诊断由于性染色体异常所致的染色体病。

（3）用于对两性畸形的检查。

性染色质的检查材料可取自皮肤或口腔上皮细胞、女性阴道上皮细胞、羊水细胞及绒毛膜细胞等。

（四）生化检查

生化检查是确诊单基因病的主要方法之一，因为基因突变的结果将导致蛋白质合成受阻或结构异常，以及酶缺乏或活性降低，故可以应用生化技术对蛋白质和酶进行定性、定量分析，以测知某种基因是否受损。

另外，由于基因突变使催化机体代谢反应的某种特定的酶发生缺陷，以致机体代谢反应受阻，其代谢中间产物、底物、终产物或旁路代谢产物发生质和量的变化，因此，检测某些代谢产物，也可间接地反映酶的变化，从而做出疾病的诊断。例如，苯丙酮尿症患者由于缺乏苯丙氨酸羟化酶，导致患者尿中苯丙酮酸或苯乙酸增加，故测定患者血或尿中苯丙酮酸或苯乙酸含量可诊断苯丙酮尿症。

案例 6-2

一对夫妇为近亲结婚，婚后生下一白化病孩子，在怀孕第二胎早期，测得胎儿酪氨酸酶阴性，请分析是保留胎儿还是终止妊娠，为什么？

(五)皮肤纹理分析

皮肤纹理(简称皮纹)指人的掌、跖、指和趾上皮肤隆起的图像。嵴纹是指皮肤表面凸起的条纹,沟纹是指两条嵴纹之间的凹陷。这些凹凸的纹理组成了各种皮肤特征。每个人都有特殊的皮肤纹理,在胚胎的第 14 周就已形成,出生后定形且终身不变,说明皮纹具有重要的遗传基础。

目前,皮纹与染色体病关联的研究资料表明:染色体病患者的皮肤纹理具有特异性变化(表 6-1)。例如,先天愚型患者的指纹以尺箕为多,约有 1/3~1/2 患者的掌纹为通贯手,轴三叉点高位,atd 角增大。但是,正常人也可出现"异常"皮纹,故皮纹分析仅作为某些遗传病诊断的参考。

表 6-1 常见染色体病患者的皮肤纹理特征

皮纹特征	正常人群	唐氏综合征	18-三体综合征	13-三体综合征	5P⁻综合征	Turner综合征
指纹中弓形纹数多于 7 个	1%		80%	多见		
指纹中斗形纹数多于 8 个	8%				32%	
TRC 数值			低	低		≥200
第五指只有一条指褶纹	0.5%	17%	40%			
通贯掌(双手)	2%	31%	25%	62%	35%	
三叉点 t′	3%	82%				多见
三叉点 t″	3%		25%	81%	80%	
A 主线指向大鱼际	11%			91%		57%
胫侧弓形纹	0.5%	72%				

人们对皮纹中指纹和掌纹研究较多。指纹是手指端部的皮肤纹理,主要可分为弓形纹、箕形纹和斗形纹 3 类(图 6-1)。

掌纹是手掌中的皮纹,掌纹中比较重要的是轴三叉点(t)与 atd 角的测定。轴三叉点(t)位于手掌基部的中央,多数人的轴三叉点距腕褶线约 1.4cm,但在某些染色体病患者可见 t 点位置上移近掌心,而形成 t′点甚至 t″点。轴三叉点的位置高度可根据 atd 角大小计算。atd 角即 a、d 指三叉点和 t 点连线所成的夹角。atd 角愈小,t 点离腕关节褶线愈近;反之,则 t 点位置愈远(图 6-2)。我国正常人 atd 角的平均值约为 41°,唐氏综合征患者的 atd 角平均为 70°。

弓形纹

箕形纹

斗形纹

图 6-1 指纹的几种类型

图 6-2 人手的三叉点及 atd 角

褶线是指手指和手掌的关节弯曲活动处明显可见的褶纹,分别称为指褶线和掌褶线,其变化在某些遗传病诊断中有一定价值。一般人手掌中有 3 条大褶纹:远端横褶纹、近端横褶纹和大鱼际纵褶纹(图 6-3)。若远端横褶纹和近端横褶纹合为一条,即为通贯手(图 6-4)。通贯手在正常人群中的发生率为 2%~6%,染色体病患者中的通贯手出现率比正常人群高10~30倍,说明通贯手是一项重要的染色体病辅助诊断指标。

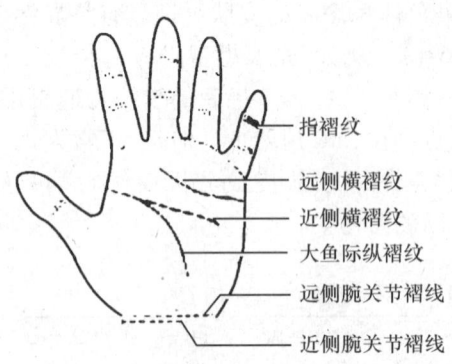

图6-3 手指褶纹与手掌褶纹

图6-4 通贯手

(六) 基因诊断

基因诊断就是利用DNA重组技术,直接从DNA水平检测人类遗传性疾病的基因缺陷,因此,基因诊断又称为DNA分析法。该技术由美籍华裔科学家简悦威(YW. Kan)在1976年首创,此方法与传统诊断方法的主要区别在于直接从基因型推断表现型,即越过基因产物直接检测基因结构而做出产前和发病前的早期诊断或现症病人的诊断。基因诊断还具有不受取材细胞类型和发病年龄限制的优点。目前,常用核酸分子杂交、PCR扩增和特殊电泳技术等方法检测基因突变。

二、症状前诊断

症状前诊断是指在某些遗传病临床表现出现之前所做的诊断。某些常染色体显性遗传病的杂合子个体往往发病年龄较迟,如亨廷顿(Huntington)舞蹈病杂合体的好发年龄在40岁左右,而此时杂合体已生儿育女,有1/2的可能将致病基因传给子代,造成子代发病。如能在患者的临床症状出现之前明确诊断,就可在婚育方面早作准备,并能预防悲剧的再次发生。

常染色体显性遗传病杂合体的症状前诊断,主要依赖于家系调查和系谱分析,各种临床检查和实验室检查,也依赖于DNA诊断技术的应用。通过家系调查和系谱分析,可预测家系中各成员的杂合子风险。对风险较高的个体,应做进一步检查,以明确诊断。目前,在症状出现前能明确诊断的方法只有DNA检查。表6-2为常见几种显性遗传病的症状前诊断。

表6-2 常见几种显性遗传病的症状前诊断

疾病	诊断方法	诊断目的
家族性多发性结肠息肉病	乙状结肠镜检查、RFLP检查	遗传咨询、早期结肠切除
家族性高胆固醇血症	脂类检查、突变基因筛查	遗传咨询、预防冠心病
成人多囊肾	超声检查、突变基因筛查	遗传咨询、早期治疗
强直性肌营养不良	肌电图、(CAG)n筛查	遗传咨询

三、产前诊断

详见本章第2节产前诊断部分

第2节 遗传病的预防

近年来,我国遗传性疾病发病比例呈上升趋势,而大多数遗传病难以治疗,有些虽能够治疗但代价极高,难以普及应用,所以,遗传病的预防就显得格外重要。遗传病的预防包括环境保护、遗传病的普查和登记、婚前检查、产前诊断、新生儿筛查、携带者的检出、遗传咨询等。

一、环境保护

环境中某些物理、化学及生物等影响因素,如电离辐射、化学药品等的污染,可对人类遗传物质造成损害,影响下一代的健康(详见

第8章遗传与环境)。

注意畸形儿的产生

妇女在孕早期尤其应该注意避免接触致畸剂和诱变剂,如射线、肾上腺素、苯、甲苯、氨蝶呤钠(氨基蝶呤)、甲丙氨酯(眠尔通)等,以防生出先天畸形儿。孕期病毒感染也可诱发畸形,如风疹病毒、巨细胞病毒、单纯疱疹病毒以及梅毒螺旋体和弓形虫等。此外,乙醇和尼古丁对生殖细胞也有损伤作用。

二、遗传病的群体普查

为预防遗传病,应有计划、有目的地针对某一地区或某一特定人群,进行遗传病普查,以了解该地区存在的遗传病种类、发病率及遗传方式等。对在普查中发现的遗传病患者进行登记。根据调查资料,可以计算出各种遗传病的基因频率、基因型频率和携带者频率等。

三、婚前检查

婚前检查是指男女青年在结婚登记之前接受的一次全面的、与婚育因素有关的健康检查。

(一) 婚前检查的内容

1. 询问病史 询问双方以往健康情况及患过哪种疾病,是否已治愈,以及直系亲属的主要病史、近亲结婚史等,最好能够向上追溯三代。重点查明有无遗传病或遗传缺陷家族史、先天畸形、精神病、传染病等。对女方还要询问月经史(如初潮年龄、月经情况等)。

2. 体检

(1) 全身检查:包括身高、体重、血压、全身发育状况等,重点查明心、肝、肺、肾等重要器官有无疾病,身体发育有无畸形,第二性征发育是否良好,精神、语言、行为有无异常。

(2) 生殖系统检查:重点检查影响婚育的生殖器情况,如生殖器官有无缺陷、畸形等。

(3) 实验室检查:血、尿常规,血型,肝功能,乙型肝炎表面抗原,胸部X线透视,白带(女性)检查。必要时做性病免疫学检查,以及结核杆菌、链球菌、染色体检查等。

(二) 婚前检查的意义

通过婚前检查,可以发现某些不宜结婚、暂时不宜结婚,以及婚后不宜生育或生育时必须进行产前诊断的疾病,对防止各种疾病特别是遗传病的传播和蔓延,促进优生,提高人口素质有着十分重要的意义。

案例6-3

小娟的第一个儿子只活了1个小时就夭折了;第二个孩子在临产前胎死腹中。小娟夫妇在绝望中开始思考:是不是我们有什么问题?医生给他们做了多项化验,又详细询问了双方家族病史,得知女方的父亲患有血友病。

请帮助小娟夫妇解答以下问题:1. 本病是遗传病吗?有什么遗传规律?2. 婚前检查能预防患儿出生吗?3. 小娟怎样才能生出健康的孩子?

四、产前诊断

产前诊断(prenatal diagnosis)又称宫内诊断(intrauterine diagnosis)或出生前诊断,是以羊膜穿刺术和绒毛膜取样等技术为主要手段,对羊水、羊水细胞及绒毛膜进行遗传学分析,以判断胎儿的染色体或基因等是否正常。如果确认为正常胎儿,则继续妊娠至足月生产,是预防遗传病患儿出生的有效手段。

(一) 产前诊断的对象

根据遗传性疾病严重程度和发病率高低,可将出生前诊断的对象排列如下:

(1) 夫妇之一有染色体畸变,特别是平衡易位携带者,或夫妇核型正常,但曾生育过染色体病患儿的孕妇。

(2) 35岁以上的高龄孕妇。

(3) 夫妇之一有开放性神经管畸形,或曾生育过这种畸形儿的孕妇。

(4) 夫妇之一有先天性代谢缺陷,或生育过这种患儿的孕妇。

(5) X连锁遗传病基因携带的孕妇。

(6) 有原因不明的习惯性流产史的孕妇。

(7) 羊水过多的孕妇。

(8) 夫妇之一有致畸因素接触史的孕妇。

(9) 具有遗传病家族史,又系近亲婚配的

孕妇。

> **不该发生的悲剧**
>
> 刘女士的儿子出生才3个月就被诊断为地中海贫血病患儿，每5天必须上医院输一次血，治疗费用每月要花2000多元，刘女士在经济上已不堪重负。如果不及时输血，孩子活不到5岁就会死于严重的贫血。而让刘女士懊悔的是，她的不幸仅仅因一时的侥幸心理，在怀疑和担心孩子会患有此病时，没有进行产前诊断，儿子出生后便成为先天性重度地中海贫血病患者，随时都可能死亡。

（二）产前诊断的方法与应用

产前诊断的常用方法包括非侵袭性方法和侵袭性方法。

1. 非侵袭性方法 包括母亲血清与尿液分离、B超、X线、CT及磁共振检查等。B超检查与X线检查属于影像学检查，是出生前诊断的重要方法。

（1）B超：这是一种最常用的产前诊断手段，优点是无痛苦、快速（半小时以内），可以反复检查等。对明显的肢体畸形、无脑儿、胎儿内脏畸形、胚胎发育异常、小头畸形、多胎妊娠等具有很高的诊断价值，对胎儿及其以后的生长发育没有什么不良影响。

目前国内大多数都是"二维"、"三维"超声仪，只能看到腹中胎儿的大概形态，排除胎儿畸形的几率也较低。而"四维"超声仪在传统的"三维立体"图像基础上，分辨率更高，加上动态成像，电脑把检查的情况和胎儿的状态图存档，从而较准确地做出早期诊断。

（2）X线检查：胎儿骨骼在妊娠20周后开始骨化，所以在妊娠24周后对胎儿进行X线检查，最为适宜。X线摄片检查可诊断无脑儿、脑积水、脊柱裂等骨骼畸形。诊断剂量的X线照射对胎儿无不良影响。

2. 侵袭性方法

（1）羊膜穿刺法（amniocentesis）：羊膜穿刺技术（图6-5）是指在B超监视下，用消毒注射器取妊娠16～20周胎儿羊水的方法，是产前诊断最基本、较安全的方法之一，适用于染色体病、遗传性代谢病、神经管缺陷和遗传病的DNA检测及染色体分析。羊膜穿刺法的优点是检查时间早，需要做选择性流产时，不会给孕妇带来更多的损伤和痛苦；但其缺点是取样时易使标本污染、胎儿或母体感染，并且操作不便，故有人采用经腹壁获取绒毛的方法，其造成感染的风险较低。

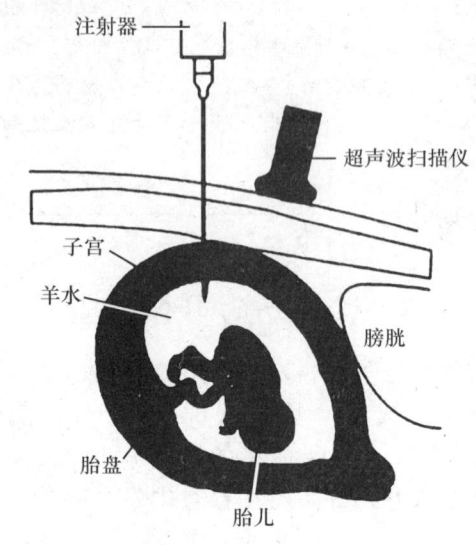

图6-5 羊膜穿刺术

（2）绒毛取样法（chorionic villussampling, CVS）：绒毛取样术（图6-6）在妊娠早期诊断中最常用，是在B超监视下，用一特制的塑料或金属导管经阴道从宫颈进入子宫，再沿子宫壁到达预定的取样位置，用内管吸取绒毛。绒毛取样法取样时间为妊娠7～9周，绒毛细胞正值生长旺盛时期，可直接检查染色体、酶及DNA。

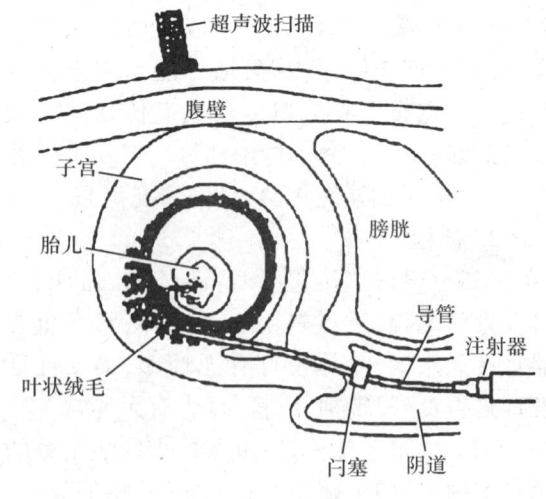

图6-6 绒毛取样术

（3）脐带穿刺术（cordocentesis）：是在B超监视下，用一细针经腹壁进入胎儿脐带并抽

取血样。取样最好在妊娠18周。脐带穿刺引起流产的概率大约为1%，低于羊膜穿刺（2.5%）和绒毛取样（7%）。

（4）胎儿镜检查（festoscopy）：又称羊膜腔镜或宫腔镜检查，可在进入羊膜腔后既可直接观察胎儿的外形、性别、有无畸形等，又可抽取羊水或胎血做各种检查，还可进行宫内治疗，因此，理论上这是一种最理想的方法。但此法操作困难，易引起多种并发症，还不易被医护人员所接受。胎儿镜的最佳取样时间是妊娠18~20周。

目前，遗传病的诊断技术已经发展到在受精第6天，胚胎着床之前即可进行，其优势在于把遗传病控制在胚胎发育的早期阶段，避免了流产给孕妇带来的痛苦，但此法费用过高、技术复杂。

五、新生儿筛查

新生儿筛查（neonatal screening）是在新生儿阶段进行针对某种疾病的检查，以确定婴儿是否患病。是群体筛查的一种，是能在症状出现之前及时诊断先天代谢病的有效手段。某些遗传病若能在症状出现之前得到及早治疗，将能大幅度地减轻病损，因此，新生儿筛查对预防遗传病，减轻遗传病的损害具有重要意义。一般采集脐血或足跟血，将血滴在特定的试纸上，然后进行检验。取样时间为出生后2周。我国已开展这项工作，如苯丙酮尿症、先天性甲状腺功能低下和蚕豆病已被列入筛查对象，对检出的患儿进行预防性治疗，取得了满意效果。

蚕豆病

有些人在吃了蚕豆以后引起急性溶血性贫血。本病与遗传有关，患者红细胞内缺乏6-磷酸葡萄糖脱氢酶。患者90%为男性，多见于儿童，特别是5岁以下儿童。起病急，常在吃蚕豆后几小时至几天内突然发病，表现为头昏、心慌、乏力、食欲不振、腹泻、发热、黄疸及贫血等症状。严重者可有昏迷、抽搐、血红蛋白尿，甚至休克，偶有致死发生。

六、携带者的检出

携带者是指表型正常但带有致病遗传物质（致病基因或染色体畸变）的个体。包括隐性遗传病的杂合体、染色体平衡易位的携带者、倒位染色体的携带者、表型正常的延迟显性个体、及带有显性外显不全致病基因但不发病的个体。携带者本身的表型往往正常，但可将有害基因传递下去，后代中有可能出现患儿。当某种遗传病在某一群体中有高发病率，为预防该病发生，采用一种较为经济、简便、准确的方法检出携带者，对预防遗传病有着积极意义。

携带者的检出方法

携带者的检出方法包括临床水平、细胞水平、酶和蛋白质水平、基因水平四大类。临床水平主要是从临床表现分析某人可能是携带者，一般只能提供线索，不能准确检出，故已基本弃用；细胞水平主要是染色体检查，多用于平衡易位携带者的检出；酶和蛋白质水平的方法是检测酶和蛋白质的量及活性；基因水平的方法主要是在分子水平上直接检测致病基因。

七、遗传咨询

详见第7章"遗传咨询与优生"。

第3节 遗传病的治疗

遗传病历来被认为是难以治疗的疾病，近年来，随着分子生物学、医学遗传学的迅速发展，以及临床上检测技术的不断提高，人类对遗传病的研究取得了许多重要成果。特别是对一些遗传病的发病机制和过程的了解逐步深入，使遗传病的治疗有了长足进步，为遗传病的根治开辟了广阔前景（表6-3）。

表6-3 可以进行预防或治疗的遗传病举例

常见遗传病	治疗方案
唇裂及腭裂	手术修补
多发性结肠息肉	结肠切除
苯丙酮尿症	饮食限制苯丙氨酸
半乳糖血症	饮食限制半乳糖
蚕豆病（G-6-PD缺乏症）	禁用抗疟药、磺胺类药、呋喃类药、蚕豆素
胰岛素依赖性糖尿病	补充胰岛素
甲型血友病	补充凝血因子

常见遗传病	治疗方案
家族性高胆固醇血症	饮食控制、药物治疗
β地中海贫血	骨髓移植
腺苷脱氨酶缺乏症	ada基因（转移入白细胞中）
乙型血友病	ix因子（转移入皮肤成纤维细胞）

根据遗传病发病机理和过程，遗传病治疗应从临床水平、代谢水平、酶水平和基因水平进行分析，结合具体情况，采取不同的治疗措施，以达到治疗遗传病的目的。遗传病的治疗方法大致可分为四类：手术治疗、饮食治疗、药物治疗和基因治疗。

一、手术治疗

手术治疗即采取切除或修补病变器官，或采用移植器官的方法来治疗某些遗传病。

（一）手术矫正

手术矫正是手术治疗中的主要手段。对遗传病所造成的畸形，可用手术进行矫正或修补。如切除多指（图6-7）、修补和缝合唇裂（图6-8）、腭裂，矫正先天性心脏畸形，按照两性畸形患者的意愿为其实施性别矫正术等。对某些先天性代谢病，可以通过手术的方式调整体内某些物质的生化水平，如对高脂蛋白血症Ⅱ$_a$型患者进行回肠-空肠旁路手术后，可减少肠道对胆固醇的吸收，使体内胆固醇水平降低。手术矫正可以在胎儿出生前就进行。例如，1981年，Golbus等将胎儿自母体取出，施行尿道狭窄修复术，术后又将胎儿放回子宫获得成功。这一手术是胎儿外科治疗的一个创举。

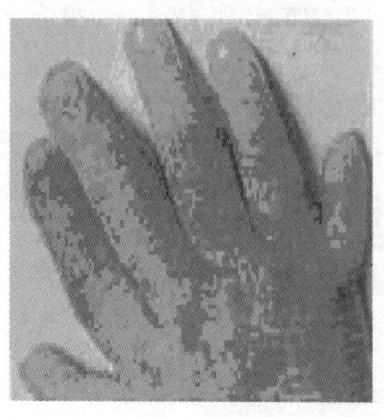

图6-7 多指

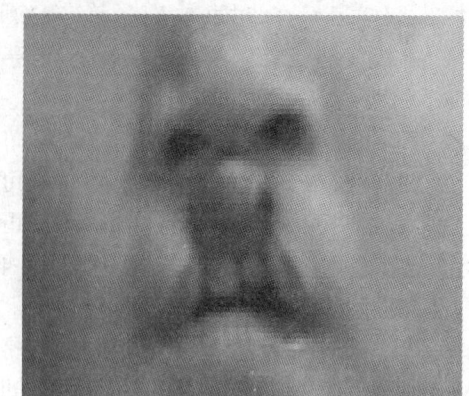

图6-8 唇裂

（二）器官移植术

器官移植术是利用正常器官替换病损的器官，以达到治疗遗传病的目的。如胰腺移植用于治疗因胰岛素产生不足而引起的糖尿病；骨髓移植用于治疗β地中海贫血、各种先天性免疫缺陷和溶酶体沉积病等。目前最为成功的是肾移植，用此方法可治疗家族性多囊肾、先天性肾病综合征等。

二、药物治疗

药物治疗可以在胎儿出生前进行，也可在出生后进行。药物治疗的原则可以概括为"去其所余、补其所缺"。例如，先天性免疫球蛋白缺失患者，可给患者补充丙种球蛋白制剂，可使感染次数明显减少；糖尿病患者使用胰岛素；甲状腺功能减退者使用甲状腺素，均可达到治疗效果。对因各种酶促反应产物过多，造成机体功能障碍的患者，可用药物除去这些产物或抑制其生成，使症状得到缓解；另外，大多数的分子病和酶病都是由蛋白质或酶的缺乏引起的，所以给患者补充蛋白质或酶即可使临床症状得到缓解，但这种补充一般是持续终身的。

三、饮食治疗

通过控制饮食来治疗遗传病是目前较为成功的治疗方法之一，并具有一定的预防性治疗作用。其治疗原则是补充因代谢异常而使机体缺乏的某种必需物质，限制摄入已大量蓄积的代谢物的前身物，以维持平衡。

例如：维生素D依赖佝偻病患者服用富

含维生素D的食物可使体内的血钙增加而促进骨骼发育；而6-磷酸葡萄糖脱氢酶（G-6-PD）缺乏患者禁用蚕豆素或喹呤类药物以预防溶血性贫血；严格限制半乳糖血症婴儿饮食中的半乳糖成分，则症状可得到较好的控制。最好的例子就是对苯丙酮尿症的治疗，苯丙酮尿症患者（PKU）因缺乏苯丙氨酸羟化酶无法正常代谢苯丙氨酸而进行旁路代谢，旁路代谢产物苯丙酮酸、苯乙酸、苯乳酸等可对患者造成不同程度的脑伤害等。在患病的早期，若能限制苯丙氨酸的摄入，则会在极大程度上减轻对患者脑功能及肝脏的损害而使症状得到缓解。如果在出生后立即采取低苯丙氨酸饮食（如大米、大白菜、菠菜、马铃薯、羊肉等），使体内苯丙氨酸明显减少，则患儿不会出现智力障碍。

四、基因治疗

基因治疗是治疗遗传病最理想的方法。基因治疗是指运用DNA重组技术设法修复遗传病患者细胞中有缺陷的基因，使细胞恢复正常功能而达到治疗的目的。基因治疗的途径有两个。

（一）生殖细胞基因治疗

生殖细胞基因治疗是将正常基因转移到遗传病患者的生殖细胞（精子、卵或受精卵），使其发育成正常个体，使有害基因不再在人群中散播。显然这是根治遗传病的理想方法，但目前由于伦理、宗教等因素较难应用于人类。

（二）体细胞基因治疗

体细胞基因治疗是将正常基因转移到体细胞，使之表达基因产物，从而使患者症状消失或得以缓解，以达到治疗目的。这种方法目前已付诸临床实践。

1990年，Andersor等人在两例罕见的先天性免疫缺陷病腺苷脱氨酶（ADA）缺乏症的患儿身上导入正常的ada基因，开创了人类基因治疗试验的先河，并获得成功。我国上海复旦大学遗传所薛京伦教授领导的基因治疗研究小组，也于1992年8月对两名乙型血友病男性患儿（两兄弟）进行了基因治疗，达到了缺陷人凝血Ⅸ因子的部分矫正。这些成就大大鼓舞了人们对基因治疗的热情和期望，我们相信基因治疗将成为根治遗传病、改善人类遗传素质的重要手段。

肥大型肌营养不良症的基因治疗

肥大型肌营养不良症（DMD）是由于人类X染色体短臂2区1带一段基因突变后，导致病人缺乏抗肌萎缩蛋白，肌肉细胞容易破裂坏死的隐性遗传病。全球首例异基因脐带血干细胞移植治疗在广州探索性开展79天，12岁的病童情况良好，其X染色体上的致病基因已经被替代为正常健康的基因。这标志着致死性神经肌肉遗传病有望通过基因治疗获得根治。

遗传病的诊断主要包括临床诊断、症状前诊断和产前诊断，其中，临床诊断的方法包括询问病史、体格检查、系谱分析、染色体和性染色质的检查、生化检查、皮肤纹理分析和基因诊断等。

遗传病的预防包括环境保护、遗传病普查登记、婚前检查、产前诊断、新生儿筛查、携带者检出、遗传咨询等。

遗传病的治疗应根据遗传病发病机理和过程，从临床水平、代谢水平、酶水平和基因水平进行分析，采取不同治疗措施。治疗方法包括手术治疗、药物治疗、饮食治疗和基因治疗等。

目标检测

一、名词解释
1. 基因诊断 2. 产前诊断 3. 新生儿筛查
4. 基因治疗

二、填空题
1. 根据时期的不同，遗传病的诊断可分为_____、_____和_____3种类型。
2. 产前诊断，是以_____和_____等技术为主要手段的遗传学分析，以判断胎儿的_____或_____等是否正常。
3. 基因诊断和传统的诊断方法的主要区别在于直接从_____推断_____。
4. 在我国已经被列入新生儿筛查的疾病有_____和_____。
5. 药物治疗原则是_____。
6. 遗传病的治疗方法有_____、_____、_____。
7. 苯丙酮尿症患者因缺乏_____而无法正常代谢

苯丙氨酸。

三、单项选择题

1. 家系调查的最主要目的是 （ ）。
   A. 了解发病人数　　B. 了解疾病的遗传方式
   C. 了解治疗效果　　D. 了解病情轻重

2. 不能用于染色体检查的材料有 （ ）。
   A. 绒毛取样　　　　B. B 超扫描
   C. 羊膜穿刺　　　　D. 胎儿镜检查

3. 生化检查是主要针对哪一项的检查 （ ）。
   A. 常染色体病　　　B. 性染色体病
   C. 多基因病　　　　D. 单基因病

4. 基因诊断与其他诊断比较，最主要特点是（ ）。
   A. 费用低　　　　　B. 取材方便
   C. 针对基因结构　　D. 针对病变细胞

5. 怀疑胎儿为无脑儿，且孕妇又有先兆流产倾向，应做哪项检查 （ ）。
   A. 染色体检查　　　B. B 超扫描
   C. 羊膜穿刺　　　　D. 胎儿镜检查

6. 染色体检查或称核型分析，是确诊哪类遗传病的主要方法 （ ）。
   A. 染色体病　　　　B. 单基因病
   C. 多基因病　　　　D. 线粒体病

7. 性染色质检查可以对下列哪种疾病进行辅助诊断 （ ）。
   A. Truner 综合征　　B. 唐氏综合征
   C. 18 三体综合征　　D. 苯丙酮尿症

8. PKU 儿童体内无法正常代谢的氨基酸是（ ）。
   A. 酪氨酸　　　　　B. 丙氨酸
   C. 苯丙氨酸　　　　D. 半胱氨酸

9. 不在 G-6-PD 缺乏患者禁用之列的是 （ ）。
   A. 磺胺类药　　　　B. 呋喃类药
   C. 蚕豆素　　　　　D. 半乳糖

10. 治疗遗传病最理想的方法是 （ ）。
    A. 手术治疗　　　　B. 药物治疗
    C. 饮食治疗　　　　D. 基因治疗

四、简答题

1. 简述遗传病临床诊断的主要方法。
2. 简述遗传病预防应从哪几方面入手？
3. 简述婚前检查的意义。
4. 遗传病治疗的原则是什么？主要有哪些方法？
5. 简述 PKU 儿童的致病原因、临床症状、治疗方法和预防措施。

第7章 遗传咨询与优生

学习目标
1. 说出遗传咨询、优生学的概念
2. 叙述正优生学、负优生学的具体措施
3. 描述遗传咨询的主要步骤
4. 简述优生优育咨询的主要内容

第1节 遗传咨询

一、遗传咨询的概念和意义

遗传咨询(genetic service)又称遗传商谈,是咨询医生与咨询者共同商讨咨询者提出的各种遗传学问题,并在医生的指导、帮助下合理解决问题的全过程。

遗传咨询主要是咨询医生就遗传病患者或其亲属提出的有关遗传病的病因、遗传方式、诊断、预防、治疗、预后等问题,进行一系列讨论和商谈,估计患者亲属的患病风险,以及患者或患者亲属再生育时该病的再发风险。

通过遗传咨询可以避免或减少遗传病患者的出生,降低遗传病的发病率,提高人群遗传素质和人口质量。作为预防遗传性疾病的一种有效手段,遗传咨询应建立在正确诊断的基础上,通过家族中首先发病的病人,从先证者入手,进行家系调查,做好系谱分析,估计其遗传方式和子代发病的可能性,并结合婚姻指导和计划生育给予必要的劝告和建议。

二、遗传咨询的对象与内容

(一) 遗传咨询的主要对象

遗传咨询的主要对象是:
(1) 35岁以上的孕妇。
(2) 生过一胎先天性畸形者。
(3) 有不明原因的流产史、死胎史及新生儿死亡史的夫妇。
(4) 先天性智力低下者及其血缘亲属。
(5) 有遗传病家族史的夫妇。
(6) 有致畸因素接触史的孕妇。
(7) 有原发性闭经和原因不明的继发性闭经者。
(8) 有因母子血型不合引起的胆红素脑病致新生儿死亡生育史者。
(9) 近亲婚配者。

(二) 遗传咨询的内容

遗传咨询的问答内容包括婚前咨询、产前咨询和一般咨询。

1. 婚前咨询
(1) 一方家属中的某种遗传病对婚姻的影响及后代的发病风险。
(2) 男、女双方有一定的亲属关系,能否结婚,若结婚对后代的影响如何?
(3) 若一方患某种遗传病能否结婚,若结婚,后代的发病风险如何?

2. 产前咨询
(1) 夫妇中的一方或家属为遗传病患者,他们的子女患病的可能性多大?
(2) 曾生产过遗传病患儿,再妊娠是否会生出同样患儿?
(3) 有致畸因素接触史,是否影响胎儿健康?

3. 一般咨询
(1) 有遗传病家族史者,该病是否累及本人或后代?
(2) 习惯性流产是否有遗传的原因?
(3) 多年不孕的原因及生育指导。
(4) 有致畸因素接触史是否会影响后代?
(5) 某些畸形是否与遗传有关?
(6) 已诊断的遗传病能否治疗?

三、遗传咨询的步骤

(一) 准确诊断

准确诊断是进行有效遗传咨询的关键,因

为只有准确诊断,才能了解病因、预后与治疗,同时也能为分析遗传方式与计算再发风险打下基础。

遗传病的诊断主要通过询问、调查病史和家族史绘制系谱图,再进行临床诊断、染色体检查、生化与基因诊断、皮肤纹理检查及辅助器械检查等综合分析,尽量做出明确的诊断。(详见第6章第2节遗传病的诊断)

(二) 确定遗传方式,评估再发风险

从医学遗传学的角度来看,人类遗传病可分为3大类,即单基因病、多基因病、染色体病。进行遗传咨询时,只有熟练掌握这些遗传病的特点并能实际应用,才能正确地评估各种遗传病的再发风险。

1. 单基因遗传病 单基因遗传病包括常染色体显性遗传、常染色体隐性遗传、X连锁显性遗传、X连锁隐性遗传与Y连锁遗传病等,主要受一对基因所控制,其遗传方式亦称孟德尔式遗传。基因型确定者,再发风险按孟德尔定律推算。

（1）常染色体显性遗传病:临床上常染色体显性遗传病的患者绝大多数是显性基因的杂合子,其子女患病的概率是1/2。

（2）常染色体隐性遗传病:假如双亲都是携带者(杂合子),其子女患病的概率是1/4;如果1个患者与1个完全正常的人婚配,后代全部为携带者。

（3）X连锁显性遗传病:如果1个男性患者与正常女性结婚,他们的儿子均正常,女儿都是患者;如果1个杂合子女性患者与正常男性结婚,他们的儿女患病的概率是1/2。

（4）X连锁隐性遗传病:如果男性患者与1个完全正常的女性结婚,他们的儿子全部正常,女儿都是携带者;如果1个女性患者与正常男性结婚,他们的儿子都患病,女儿都是携带者;如果1个携带者女性与正常男性结婚,他们的儿子患病的概率为1/2,女儿将有1/2的可能性是携带者。

2. 多基因遗传病 多基因遗传病是遗传因素和环境因素共同作用所致,所以不能像单基因遗传病通过分离规律和自由组合规律确切算出再发风险,只能通过群体发病率和家族中受累者的多少加以估计。

多基因遗传病的发病有以下特点:亲缘关系越近,再发风险越大;家族中患病人数越多,再发风险也越大;该病的遗传率越高,一级亲属的再发风险也越高。

3. 染色体病

（1）常染色体畸变:如唐氏综合征是一种较常见的染色体异常疾病,为了预防患儿的出生,应详细了解母亲的年龄,先前是否生育过唐氏综合征的患儿以及有关的染色体核型等。表7-1列出了唐氏综合征的发病风险与母亲年龄的关系。

表7-1 孕妇年龄与胎儿唐氏综合征发病风险的关系

年龄	发病风险	年龄	发病风险
20岁	1/1400	38岁	1/175
25岁	1/1100	40岁	1/110
30岁	1/1000	42岁	1/65
35岁	1/380	45岁	1/30

（2）性染色体畸变:性染色体异常患者的遗传咨询必须配合进行各种诊断性试验、染色体核型分析、口腔黏膜涂片的X小体检查、Y染色体荧光检查和皮肤纹理分析等。性染色体异常往往有轻度家族性,但患者同胞中再发同样疾病的可能性很小,它可以和其他染色体异常疾病一样做产前诊断。

总之,染色体作为基因的载体和遗传的物质基础,其数目异常和结构异常是导致先天畸形的主要原因。例如,浙江大学医学院附属儿童医院从1980年1月至1998年12月检测的2226例先天畸形患者中,染色体核型异常的有524例,占23.54%。

案例 7-1

一对婚姻适龄青年来访,诉说女方有一个由于21号染色体异常所致的先天愚型的弟弟,要求婚前指导。

1. 这对青年应不应该结婚?
2. 他们应做什么检查?
3. 如果他们结婚,生育时要注意什么问题?

(三) 提出对策和措施

患者或其家属都希望通过遗传咨询得到明确的答复和指导。因此,在准确诊断、评估

出遗传病的再发风险后,咨询医生应向咨询者提供建议和今后应采取的措施,包括避免结婚、避孕、绝育、人工流产、人工授精、产前诊断、积极治疗改善症状等。

（1）对某些可以矫正的生殖器畸形,应待畸形矫正后再结婚。

（2）近亲婚配可增加常染色体隐性遗传病的发病风险,如果近亲者之间正在恋爱或有婚约,应终止恋爱关系或解除婚约。

（3）在先证者所患遗传病较严重,且难于治疗、再发风险高,但患儿父母迫切希望有一个健康孩子的情况下,可运用产前诊断技术选择生育。

（4）某些严重的遗传病,若再发风险高于10%,且不能做产前诊断的,对婚后可能出生这种遗传病患儿的夫妇,应劝其不生育。

（5）在已知妻子为X染色体隐性遗传病致病基因携带者、父亲正常的情况下,可选择生女孩;如为男胎应进行产前诊断,查明胎儿的基因型,以便决定是否继续妊娠。

（6）如丈夫有遗传病不能生育,可采用供精者精子人工授精或采用体外受精——胚胎移植技术辅助生殖。

（7）当先证者所患遗传病不太严重且只有中度再发风险(4%~6%)时,可以冒风险再次生育。

（8）对于目前可以进行植入前诊断的某些遗传病,如脆性X染色体综合征、假性肥大性肌营养不良等,可以有目的地选择健康的受精卵植入,以达到预防遗传病的目的。

> **遗传咨询现场一瞥**
>
> 一对青年夫妇因为有两次孕早期自发流产史,并生过一个多发畸形儿,来进行遗传咨询。这种情况应首先检查流产儿或畸形儿的染色体,但往往是已失去时机。因此,必须检查这对夫妇的核型。如果男方或女方为染色体平衡易位者,很容易因胚胎染色体不平衡而自发流产,不宜再次妊娠。因此建议他们选择过继或领养一个健康小孩。

四、遗传咨询的原则

(一) 尊重隐私权

遗传咨询不宜在有无关人员在场的环境中进行,咨询医生应尊重咨询人的隐私权,对获得的资料严格保密,避免这些资料被他人、单位、雇主或保险商等利用,这将有利于咨询人家庭的和谐稳定。

(二) 自愿及知情同意

遗传咨询应该是自愿性的,而非指令性的,因此当咨询医生要求患者及其家属进行遗传学检查时,也应该贯彻自愿原则,即知情同意的原则,让患者及其家庭成员充分了解检查的目的与必要性,争取他们的主动配合。

(三) 自主决定

咨询医生只提出可供咨询者选择的若干方案,并陈述各种方案的优缺点,让咨询者本人做出抉择,医生不应代替咨询者做出决定。这是因为,在处理方法上往往存在多种选择,各有利弊,而所做出的选择又必须适应社会、家庭及个人的不同要求,如果医生将某种方法强加于人,必然会引起不愉快的后果。但对于我国婚姻法及优生法规中带有强制性的条例,咨询医生应说服咨询者按国家有关规定执行。

总之,遗传咨询是一项复杂细致的工作,从事这项工作的医务人员不仅要具备丰富的知识,还要具有高度的责任感和同情心。在咨询过程中,要细致调查,认真分析,掌握咨询者的心理,考虑他们的心理承受能力。提问或回答问题时,应注意科学性和咨询的技巧性,要运用通俗语言,少用专业性语言,不要使用刺激性语言来形容患者的特征。对再发风险的估计要避免"绝对"的答复。在提出预防再次生出患儿的各种对策时,不应强迫命令,应对所有对策进行解释,供咨询者做出恰当的选择。如能在咨询过程中注意这些问题,就会收到满意的效果。

第2节 优 生 学

1883年,英国高尔顿(Galton)首次提出优生学概念,认为要"研究在社会控制下能改善或削弱后代遗传素质的动因,这种遗传素质包括体格,也包括智力"。优生学在20世纪20年代传入我国,70年代后,吴旻等专家认为在我国实行优生具有积极的社会意义。"控制

人口数量,提高人口素质"是我国基本国策,在严格控制人口数量的基础上,如何防治严重危害人类健康、影响人口先天素质的遗传病是我国优生学研究的主要问题。

一、优生学的概念

优生学(eugenics)是应用遗传学的原理和方法研究如何改善人类遗传素质的科学。遗传素质指体格上和智力上各种遗传性状的总和。优境学是研究用改善环境因素的方法提高后代身心健康的科学,具体包括围生医学、优育、优教。现代社会所提倡的"优生、优育、优养",已很好地使优生学与优境学服从于改善和提高人口素质的宗旨上。

预防性优生主要研究如何减少或消除某些遗传病或先天性缺陷儿的出生,以提高人类的遗传素质。积极的优生学认为,人类已成功地创造了许多优秀的动植物新品种,随着生物医学及医学遗传学的发展,也一定能使智力发达、体格健壮的优秀个体得以更好地繁衍扩增。如生殖细胞冷冻贮存、人工体外受精和体外培养、人工胚胎移植等已取得初步成功,但还存在一系列社会伦理学等问题,因此,优生学有待进一步地发展和完善。

优生学是一门综合性科学,与自然科学,如遗传学、临床医学、环境科学等联系紧密;也涉及社会科学,如社会学、法学、伦理学、人类学、人口学等。因此,人类优生也是一项群众性社会运动,必须通过各种切实可行的社会政策,才能在社会群体水平上真正实现优生。

历史上的优生学

优生的思想自古已存在,公元前427~前347年,古希腊哲学家柏拉图在他的《理想国》一书中曾指出,择偶和生育年龄对后代的影响,他认为父亲50岁、母亲40岁以上生育的子女都不能留。古代斯巴达人甚至实行过严格的选择后代的措施,规定低能的男女结婚要受刑罚,畸形儿要弃入山谷。到了公元3世纪,古罗马皇帝塞德修斯一世就曾颁布法规禁止表亲结婚,违者处以重刑。

二、影响优生的因素

1. 营养 蛋白质、脂肪、糖类(碳水化合物)、无机盐、微量元素和维生素与胚胎发育、胎儿生长密切相关,若供应不当,除引起营养缺乏和营养过剩外,还会影响人的生殖功能,影响胚胎的正常发育或诱发畸形。

2. 环境 孕妇在怀孕期特别是怀孕早期,应避免接触环境中的各种有害物质,如电离辐射、汞、铅等。此外,不适当地使用药物以及被寄生虫、病毒感染,酗酒和吸烟等都会对胎儿产生不良影响。

3. 情绪 现代医学证明,人类的精神状况将影响机体生理过程,有意识和无意识的心理活动,如情绪、思维记忆、想象等都能影响机体的内部平衡及适应能力,故孕妇应保持安静、愉快的心情。

4. 胎教 胎教是优生的一个重要内容,能帮助年轻夫妇实现拥有一个聪明、健康孩子的心愿。胎儿具有听、视、皮肤感觉等功能,接受过胎教的孩子其健康、智力水平明显高于未接受过胎教的孩子。胎教时要根据胎儿生长发育的规律,施以不同的胎教内容,如音乐胎教、语言胎教、抚摸胎教、环境胎教和学习胎教等。

案例7-2

一对青年夫妇,由于男方有致畸因素接触史,想生育健康的孩子,前来咨询。

1. 这对青年应做什么检查?
2. 他们生育时要注意什么问题?

三、优生学的分类

(一) 正优生学

正优生学(positive eugenics)又称演进性优生学,是研究如何维持和促进人群中有利(优良)基因频率的增长。主要措施或方法有以下几方面:

1. 提倡优选优育 如让体格和智力优秀的个体繁育更多的后代,某些国家已在优生法中推行;我国广东省也曾讨论过让各领域的杰出人才,特别是科技人才多生育小孩。

2. 人工授精 指将丈夫或他人的精液用人工注射的方法注入女方生殖道,达到受精的目的。目前主要用于男性不育症者、男性患有

显性遗传病者、夫妇同为隐性遗传病携带者以及 Rh 血型不合者。可用新鲜精液或液氮冷藏精液（可多次使用）。如果要达到正优生学的目的，在人工授精前要优选精子。国外已有精子银行，贮备各种可供选择的精子。但所谓挑选优秀精子只是按供精者的表型挑选，挑选到的精子未必真正优秀，如何优选精子尚待研究解决。此外，对一个个体精子的使用次数也应有严格的规定，否则容易出现一系列伦理学问题。

3. 试管婴儿 也称体外受精及胚胎移植，即应用腹腔镜将已成熟的卵从腹腔内取出，使其在体外与精子受精。当卵裂进行到 4~8 细胞期时，将幼胚移植到子宫内，让其着床发育成胎儿。此法可用以解决女性不孕，特别是输卵管闭塞引起的不孕。将来如能满足胚胎在母体子宫内发育的所有条件，有可能使个体发育全过程在体外进行，此时，所育的婴儿才是真正意义上的试管婴儿。如果早期胚胎移植入另一妇女子宫，则代孕妇女称为代孕母亲。由于激发排卵和受精卵数目有时可超过需要，于是出现了所谓冷冻卵子和冷冻胚胎库存技术，澳大利亚、英国等国已育出冷冻胚胎婴儿。从 1978 年第一例"试管婴儿"报告以来，全世界已有 1000 多例"试管婴儿"诞生，我国北京、湖南、广州也都陆续有"试管婴儿"诞生的报道。

4. 单性生殖 某些动物未受精的卵可自动发育为个体（自然单性生殖），在高等动物，也可在体外诱导卵细胞发育成个体（人工单性生殖）。人类如果能实现单性生殖，可以避免男性致病基因传给后代，也是优生的一种手段。

5. 遗传工程 遗传工程也称基因工程，是在分子水平上对基因进行操作，将外源基因通过体外重组后导入受体细胞内，使该基因能在受体细胞内复制、转录、翻译、表达的技术。主要包括以下内容：

（1）转基因克隆技术：俗称克隆，即在体外将外源细胞核移植到核卵细胞或去核受精卵中，刺激幼胚形成后，再移植到代孕母亲子宫内完成胚胎发育。1997 年，英国克隆羊——"多莉"的诞生，标志着用体细胞核进行哺乳动物转基因克隆成为现实，用此类方法

也可以实现人类某些器官的克隆。当然，出于心理学和社会学原因，"克隆人"的尝试现在还受到社会的反对。

> **治疗性克隆**
> 有人主张用克隆技术获得人的早期胚胎，从中分离具有多潜能的干细胞，可分化出皮肤、神经等各种组织，甚至器官，以供治疗和移植使用。如何看待这个问题？现阶段对治疗性克隆的理解还不一致。有人认为可以直接克隆人胚胎或无头胎儿，或采用异种克隆的办法，将人的供体细胞移植到有关动物的去核卵细胞中，培育出具有人类遗传特性的出生前胎儿，用于人类临床治疗。但不管怎样，这些做法仍会引起人类道德伦理方面的争议。

（2）基因重组技术：即将外源正常基因转移并重组到带有致病基因的细胞基因组中，使后代不再有该致病基因。该技术可应用于基因改造和基因治疗。

（3）基因克隆："克隆"是"clone"的译音，意为无性繁殖。克隆技术即无性繁殖技术，是不经过亲代的交配，以某个个体自身为"模板"，复制一个"自我"的过程。后代完全由一个细胞复制，具有与亲代完全相同的遗传物质。

基因克隆即将 1 个 DNA 分子变成 2 个、4 个，以至成万上亿个的过程。基因克隆技术是基因工程的基本技术，可以在试管里进行 DNA 复制；也可以将 DNA 分子移植到细菌细胞内，利用细菌的繁殖使 DNA 繁殖——克隆出来；还可以把一个生物体中的遗传信息（DNA）转入另一个生物体内；或者把一个生物体中几万个基因中的一两个进行改造，成为基因意义上的新动物。

（二）负优生学

负优生学（negative eugenics）又称预防性优生学、消极优生学，研究如何控制和减少群体中有害基因的频率，减少遗传病的发生。其主要内容反映在遗传病的预防和治疗的策略与方法中。负优生学的主要措施包括：

1. 避免出生遗传病患儿的婚配 由于隐性遗传病杂合子间的婚配是生育遗传病患儿

最主要的来源,因此必须劝阻2个杂合体间的婚配。我国婚姻法禁止近亲婚配,是预防或减少遗传病患儿出生的重要措施。

2. 避免遗传病患儿的出生　对可能出生单基因或多基因病患儿的夫妇应采取绝育措施,或劝其进行产前诊断,避免遗传病患儿的出生。

3. 选择性流产　当有可能出生某些遗传病患儿的妇女怀孕时,应通过产前诊断施行选择性流产或终止妊娠以防止有遗传缺陷的婴儿出生。

4. 提倡适龄生育　研究表明,最佳生育年龄是25～35岁。20岁以下的母亲所生的子女,先天性畸形的发生率比25～35岁母亲所生子女的发病率高50%;而年龄过大,40岁以上母亲所生的子女,先天性畸形的发病率比25～35岁母亲所生子女的发病率高16倍,故应提倡适龄生育。

(三) 新优生学

新优生学(new eugenics)其核心内容包括遗传咨询、产前诊断和选择性流产等3个方面,是近年来优生学应用于遗传病诊断、防治,以及优生优育领域而产生的分支学科。

四、优生优育咨询

优生优育咨询是以优生学的研究成果为指导,对有关优生优育的问题提出科学合理的建议,以促进优生优育工作的普及。根据个体发育各个阶段,优生优育咨询的主要内容如下。

(一) 婚配期

1. 择偶注意　择偶时注意双方的身体素质和文化素质,了解双方是否患遗传病。

2. 婚前检查　我国《母婴保健法》对此已有明文规定(详见第6章遗传病的预防)。

(二) 孕期与胎教

1. 做好孕前准备　生育是人生中的一件大事,在怀孕之前要注意了解优生优育医学知识,掌握优生优育方法,千万不可盲目怀孕,不可没有任何准备地怀孕。结婚之后立即怀孕是不利于优生优育的,在蜜月期间,夫妻双方一般都很疲劳,而且性生活过于频繁,往往精子质量得不到保证,身体健康状况也不利于生育,此时怀孕显然并非最佳时期。

2. 避免高龄生育　从优生优育的角度看,女性的最佳生育年龄一般在25～35岁之间,超过35岁之后再怀孕,常会影响孩子的健康和智力。尽管男性的生育年龄可以适当放宽,但一般不宜超过45岁。

3. 孕期保健　孕期保健是优生优育的重要手段,妊娠期间应注意以下一些问题:

(1) 不能滥用药物,特别是具有重大毒、副作用的药物,一定要尽量避免服用。女性妊娠期间滥用药物,会直接影响体内胎儿的生长发育,甚至造成早产、流产或死胎等。不得已用药时,一定要在医生的指导下服用,防止发生意外。

(2) 注意适当休息、适当运动、科学饮食、保持精神愉快、改正不良习惯。

(3) 定期进行产前检查,及时消除隐患,使胎儿得到一个更好的发育环境。

(4) 合理安排性生活,应适当节制,妊娠初期和妊娠期最后2个月,更要分外小心。

(5) 严禁吸烟,孕妇直接吸烟或被动吸烟会使胎儿发育迟缓,体重下降,容易早产或患先天性心脏病,孕妇吸烟还影响孩子的智力。

(6) 孕妇不可酗酒,准备妊娠和妊娠期酗酒会使胎儿产生乙醇中毒综合征,以致胎儿畸形。

(7) 远离有害、有毒物质,例如:化学农药、铅、X射线等物质,此类物质可能导致胎儿畸形或致使胎儿患白血病、恶性肿瘤等疾病。

(8) 不饲养猫狗等宠物,防止感染各种病原生物(如弓形虫)传染胎儿,造成胎儿畸形。

(9) 注意科学饮食,孕期的饮食既要营养丰富,又要容易吸收,以清淡为宜。避免营养过剩与不足,不偏食、厌食、节食。

4. 胎教　应重视胎教的作用,并强调男方在胎教中的积极作用,促进胎儿神经与听觉系统的良好发育。

(三) 围生期

生产是女性的自然过程,对产妇和婴儿的身心均有较大影响,应提倡自然产(因特殊情

况不能自然产者除外)。

(四) 哺乳期

1. 母乳喂养　提倡母乳喂养,保障婴儿身心发育正常,促进母婴感情交流。但应注意及时断奶。

2. 亲自抚养　提倡自己抚养,条件允许的情况下,自己抚养有利于婴幼儿身心健康发展和巩固其与父母的感情联系。

(五) 孩童期

进行适量的学前启蒙教育,采用恰当的教育方法,身心培养并重,使其养成良好的生活习惯,培养其独立的人格与性格,使其能协调好学校(幼儿园)、家庭、社会的各种关系。

> 遗传咨询是通过咨询医生与咨询者共同商讨咨询者提出的各种遗传学问题并在医生的指导、帮助下合理解决这些问题的全过程。它主要是就遗传病患者或其亲属提出的有关遗传病的病因、遗传方式、诊断、预防、治疗、预后等问题进行一系列讨论和商谈,估计患者亲属的患病风险,以及患者或患者亲属再生育时该病的再发风险。优生学是研究使用遗传学的原理和方法以改善人类遗传素质的科学,可分为正优生学、负优生学及新优生学。

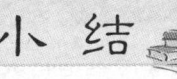

一、名词解释
1. 优生学　2. 正优生学　3. 负优生学
4. 新优生学　5. 遗传咨询

二、单项选择题
1. 正优生学的主要措施是 (　　)。
   A. 选择性流产　　B. 人工授精
   C. 遗传咨询　　　D. 适龄生育
2. 负优生学的主要措施是 (　　)。
   A. 单性生殖　　　B. 人工授精
   C. 适龄生育　　　D. 试管婴儿
3. 遗传工程的内容除了克隆外,还有 (　　)。
   A. 多莉羊　　　　B. 单性生殖
   C. 基因重组技术　D. 基因克隆

4. 受孕的适龄阶段为 (　　)。
   A. 25岁~30岁　　B. 20岁~25岁
   C. 30岁~35岁　　D. 35岁以上
5. 常染色体显性遗传病的杂合子患者与正常人婚配,其子女患病的概率是 (　　)。
   A. 1/2　　B. 1/3
   C. 1/4　　D. 1/8
6. 在常染色体隐性遗传病中,假如双亲都是携带者,其子女患病的概率是 (　　)。
   A. 1/2　　B. 1/3
   C. 1/4　　D. 1/8
7. X连锁显性遗传病的男性患者与正常女人结婚,他们女儿患病的概率是 (　　)。
   A. 1　　　B. 1/2
   C. 1/4　　D. 1/8
8. X连锁隐性遗传病的携带者女性与正常男人结婚,他们儿子正常的概率是 (　　)。
   A. 1　　　B. 1/2
   C. 1/4　　D. 1/8
9. 不属于多基因遗传病发病特点的是 (　　)。
   A. 亲缘关系越近,再发风险越大
   B. 家族中患病人数越多,再发风险也越大
   C. 该病的遗传率越高,一级亲属的再发风险越低
10. 第一例"试管婴儿"的报告时间是 (　　)。
    A. 1968年　　B. 1978年
    C. 1988年　　D. 1998年

三、填空题
1. 新优生学的内容包括_____、_____与_____。
2. 遗传咨询的内容有_____、_____与_____。
3. 影响优生的因素有_____、_____、_____与_____。
4. 现代人所提倡的_____、_____、_____很好地使优生学与优境学这两门学科都服从于同一目的,即改善人口素质。
5. 优生学既涉及_____、_____等自然科学的领域,也涉及_____、_____、_____、_____等社会科学领域。

四、简答题
1. 简述遗传咨询的步骤和原则。
2. 遗传咨询的主要对象有哪些?
3. 正优生学和负优生学各有什么特点?

第8章 遗传与环境

1. 说出引起环境污染的原因及污染类别
2. 叙述保护环境的必要性和可行性
3. 简述遗传与环境的相互关系

第1节 环境污染与环境保护

一、环境污染

环境污染指有害物质进入环境后对生态系统造成干扰和损害的现象,简称污染。即有害物质或有害因子进入环境中,发生扩散、迁移和转化,并与生态系统发生作用,使生态系统的结构、功能发生变化,对人类及生物生存发展产生不利影响。

> **装修造成的室内环境污染危害惊人**
>
> 为了证明装修污染对人们健康的危害,担任国家果蝇毒理室研究工作的厉曙光教授利用果蝇进行了一个装修造成的室内环境污染伤害实验。
>
> 厉教授在一间装修不到一个月的普通家庭房间里,按照室内空气检测规范的要求,采用梅花布点的方式,分别竖立了5根实验柱,并且按照人们在房间里站立时和躺下睡觉时呼吸的高度,在每根试验柱的1.7m处和0.5m处分别设立了两个实验点,每个实验点放置40只实验用的果蝇,并且提供了适宜果蝇生长的室内温度。在正常条件下,果蝇的寿命一般雄性在50天以上,雌性一般在60天。可是,当实验进行到第25天时可怕的现象发生了,"住"进新房的果蝇开始大批死亡,最终实验结果发现,参加实验的800只果蝇平均寿命要缩短一半以上!

随着现代工业的迅速发展,工业"三废"(即废气、废水、废渣)增多,未经科学处理直接排入自然界,以致超出了生态系统的自净能力,造成环境污染。各种污染物散布于大气、水域、土壤和食物中,使人们吃不到合乎卫生标准的食物,饮不到清洁的水,呼吸不到新鲜空气,从而诱发出从未见过的奇症怪病,这一切都引起了人们的不安和忧虑。环境污染主要有大气污染;水污染;固体废弃物和其他污染,是危害人类生存的严重问题之一。

> **大气污染损失严重**
>
> 大气污染已对我国经济建设构成了严重的威胁。总悬浮颗粒物(TSP)、二氧化硫(SO_2)等对我国人民的健康损害尤其严重,1995年全国因为大气TSP和SO_2污染影响导致的人体健康损失估算达到171亿元。

(一) 大气污染

大气污染是指大气中污染物浓度达到有害程度,超过了环境质量标准的现象。大气污染物分为两类,即天然污染物和人为污染物,引起公害的往往是人为污染物,它们主要来源于燃料燃烧和大规模的工矿企业。

科学家研究发现:8000万年以前,空气中氧的含量为30%,现在仅为21%;空气中二氧化碳的含量已从1860年的260ppm上升到目前的346ppm,增加了30%,由此可以看出空气质量日益下降的趋势。[注:ppm是英文parts permillion的缩写,译意是每百万分中的一部分,即表示百万分之(几),或称百万分率。如,1ppm即一百万千克的溶液中含有1千克溶质。ppm与百分率(%)所表示的内容一样,只是它的比例数比百分率大而已。简单地说:1ppm = 1mg/kg = 1mg/L = 1×10^{-6}常用来表示气体浓度,或者溶液浓度]

大气污染经历了3个时期:最早是煤烟产生的粉尘污染时代,具有代表性的事件是伦敦

烟雾事件,造成数千人死亡。进入20世纪60年代,工业发达国家的燃料构成发生了变化,石油取代煤,二氧化硫对大气的污染占主要地位,由此产生所谓的二氧化硫污染时代。目前随着交通事业的蓬勃发展,汽车数量的大量增加,汽车排出的废气大大增加,使人们步入了所谓光化学烟雾时代。具有代表性的是美国洛杉矶事件,该市曾因汽车排出的毒气造成400多人死亡。

自19世纪末至今,大气中的二氧化碳含量已增加了30%以上,达到150多年来的最高水平。当今人类每年向大气排放230亿吨二氧化碳,并且还在以每年0.5%的速度递增。

近10年来,全球平均气温升高幅度已创110年间的最高纪录。例如:1997年比1961年至1990年间的平均值高出0.43摄氏度,成为自1860年人类开始记录气温以来平均气温最高的一年。日本气象白皮书预测,在21世纪,全球气温将平均升高约0.3摄氏度,到2025年,全球气温将比现在升高1摄氏度。有专家说,眼下北半球的冬天,比150年以前整整缩短了18天,一些冰川正在开始融化,一些动物也开始向海拔更高的寒冷地带迁徙。

大气污染可破坏臭氧层,在地球上空10～50km的空间是高空臭氧层,臭氧可吸收阳光中强紫外线辐射,由于大气的污染,高空臭氧层正逐渐变得稀薄,并出现了空洞。据研究表明,臭氧每减少10%,会使皮肤癌患者人数增加4%,同时紫外线辐射过量,还会使多种生物死亡或产生其他疾病。

案例8-1

1998年,陈先生请装饰公司进行装修。工程竣工入住后,陈先生感觉室内气味刺鼻,致人咽痛咳嗽、辣眼流泪,无法居住。而且陈先生的喉疾因此加剧,经医院检查,查出竟是"喉乳头状瘤",并在协和医院进行了手术。他请室内环境检测单位对其住所进行检测,在按规定房间封闭24小时后,室内环境检测中心的专家进行了室内空气检测,结果是卧室空气中甲醛含量高达每立方米1.56毫克,超过国家标准19.5倍。

1. 陈先生的病是什么原因引起的?
2. 如何保证装修的安全?
3. 装修造成的室内污染,主要由哪些因素引起?

(二)噪声污染

噪声的显著特点是:无污染物存在、不产生能量积累、时间有限、传播不远、振动源停止振动噪声消失、不能集中治理。噪声来源于交通工具、工厂机器设备、建筑施工和人们的社会、家庭活动。

噪声对人类的危害主要表现在损伤听力、干扰睡眠、影响人体生理心理。当人在100分贝左右的噪声环境中工作时会感到刺耳、难受,甚至引起暂时性耳聋;超过140分贝的噪声会引起眼球的振动、视觉模糊,呼吸、脉搏、血压都会发生波动,甚至会使全身血管收缩,供血减少,说话能力受到影响。美国有8000万人受噪声的危害;日本有80万工人在100分贝的噪声环境中工作,受汽车噪声影响的人多达4000多万人,占人口的30%以上。噪声污染已引起人们的高度重视。

> **噪声变害为利的高科技**
>
> 世界上的事情总是千变万化,没有任何事情是绝对的。噪声也和其他事物一样,既有有害的一面,又有可以被人类利用、造福于人类的一面。许多科学家在噪声利用方面做了大量研究工作,获得许多新的突破,这些成果将是21世纪推出的新技术。日本科学家采用现代高科技,将令人烦恼的噪声变成美妙悦耳的音乐,他们研究出一种新型"音响设备",将家庭生活中的各种流水声如洗手、淘米、洗澡、洁具、水龙头等产生的噪声变成悦耳的协奏曲。这些嘈杂的水声既可以转变成悠扬的乐曲,也可以转变成混混的溪流声、树叶的沙沙声、虫鸟的鸣叫声和海浪潮涌声等大自然音响。

(三)水污染

1984年颁布的《中华人民共和国水污染防治法》为"水污染"定义:即水体因某种物质的介入,而导致其化学、物理、生物或者放射性等方面特征的改变,从而影响水的有效利用,危害人体健康或者破坏生态环境,造成水质恶化的现象。水污染有自然污染和人为污染,根据污染杂质不同又分为化学性污染、物理性污染和生物性污染3类。

目前,全世界每年约有4200多亿立方米

的污水排入江河湖海,污染了5.5万亿立方米的淡水,这相当于全球径流总量的14%以上。美国每年排放的废水约380亿吨,日本排放361亿吨。我国1990年全国废水排放量(不包括乡镇企业)为354亿吨,其中工业废水249亿吨,生活污水105亿吨。水污染造成的经济损失最为庞大。各种各样的污染物随着水流蔓延,遍及世界各水域,滴滴涕、铅等污染物,几乎在地球每个角落都能检出。人们从南极企鹅的体内检出了滴滴涕;从北极熊、北极圈的鱼以及南极和太平洋中生活的鸟体内,均检出了多氯联苯;南极的冰雪中,铅的浓度也正在不断升高。

地球上的水似乎取之不尽,其实只有淡水才是人们主要的水资源,而且只有淡水中的一小部分能被人们利用。淡水是一种可以再生的资源,其再生性取决于地球的水循环。20世纪80年代后期全球淡水实际利用的数量大约为每年3000亿立方米,占可利用总量的1/3。另外,淡水资源的分布与人口的分布并不一致。例如:1980年加拿大人均取水量1500立方米,仅占该国人均淡水资源拥有量的1.2%;而埃及1976年人均取水量为1180立方米,已接近该国人均可利用总量1470立方米的极限。

随着人口的增长及人均收入的增加,人们对水资源的消耗量也以几何级数增长。抽取地下水是缓解淡水不足的一个重要途径,但是过度抽取地下水会使地下水水位下降,导致地面沉降。在我国的苏州、无锡、上海、北京等地,由于长期过量开采地下水,造成了明显的地面沉降。因此,在发展工业、建设城市的同时,人们就要注意到对水资源的保护。

33211工程

"九五"期间,我国确定了污染治理工作的重点——集中力量解决危及人民生活、危害身体健康、严重影响景观、制约经济社会发展的环境问题。污染防治以水和大气为主,水污染防治重点抓三河(淮河、辽河、海河)、三湖(太湖、滇池、巢湖),大气污染防治重点抓"两控区"(二氧化硫污染控制区和酸雨控制区),城市环境保护重点抓北京市,海洋环境保护重点抓渤海。该环保工作简称"33211工程"。

1995年,中国政府以治理淮河为动员令,向污染宣战,中国污染最严重的淮河、海河、辽河、太湖、滇池、巢湖以及渤海成为"33211"工程的主要组成部分。2000年,为使中国跨世纪工程——南水北调项目发挥综合效益,中国政府将东线治污、东西中三线的水污染防治与生态保护任务确定,把中国水污染防治工作推向新的高度,即让治污为重点工程开路,并融入重点工程的建设计划,实现"先节水后调水,先治污后通水,先环保后用水"的工程措施。

2002年,在进入中国水污染治理30年之际,"人与自然和谐共处"、"发展要有环境目标"、"注重国家环境安全"等现代理念的提出,揭示出新世纪治污工程应包容更多的生态保护与以人为本的内涵。

案例8-2

在肝癌高发区,水质与发病率的关系很明显。据调查资料表明,江苏启东县病区饮水中的腐殖酸、NO_2含量与发病率呈非常明显的正相关,相关系数分别为0.97和0.923。饮塘水者肝癌死亡率占总人群的65.53/10万,而饮井水者仅占8.05/10万,饮深井水者为7.5/10万。塘水中的腐殖酸含量最高,深井水中的腐殖酸含量最低。另据广西武鸣农场的统计也可说明这一问题,该农场肝癌死亡率为63.98/10万,而周围地区则为31.20/10万,其中饮塘水者的肝癌死亡率为71.70/10万,饮井水的为27.58/10万。两地饮水中所含NO_2和$KMnO_4$耗氧量差异显著,塘水很高,井水较低。

1. 饮塘水的肝病发病率比饮井水的肝病发病率高,为什么?
2. 在案例中的两个地区,引起肝癌高发的因素是什么?
3. 如何保证农村饮水的安全?

(四)酸雨的危害

酸雨是由于空气中二氧化硫(SO_2)和氮氧化物(NO_x)等酸性污染物引起的pH小于5.6的酸性降水。受酸雨危害的地区,出现了土壤和湖泊酸化,植被和生态系统遭受破坏,建筑材料、金属结构和文物被腐蚀等一系列严重的环境问题。

我国酸雨正呈蔓延之势,是继欧洲、北美之后世界第三大重酸雨区。20世纪80年代,我国的酸雨主要发生在以重庆、贵阳和柳州为代表的川贵两广地区,酸雨区面积为170万平方公里。到20世纪90年代中期,酸雨已发展到长江以南、青藏高原以东及四川盆地的广大地区,酸雨面积扩大了100多万平方公里。以长沙、赣州、南昌、怀化为代表的华中酸雨区现已成为全国酸雨污染最严重的地区,其中心区年降酸雨频率高于90%,几乎到了逢雨必酸的程度;以南京、上海、杭州、福州、青岛和厦门为代表的华东沿海地区也成为我国主要的酸雨区;华北、东北的局部地区也出现酸性降水。1998年,全国一半以上的城市,其中70%以上的南方城市及北方城市中的西安、铜川和青岛都下了酸雨。酸雨在我国已呈燎原之势,覆盖面积已占国土面积的30%以上。

酸雨对人体健康的危害是多方面的,酸雨可使儿童免疫功能下降,慢性咽炎、支气管哮喘发病率增加,同时可使老人眼部、呼吸道患病率增加。

酸雨对森林和其他植物危害也较大,常使森林和其他植物叶子枯黄、病虫害加重,最终造成大面积死亡。研究显示,仅西南地区由于酸雨造成森林生产力下降,共损失木材630万立方米,直接经济损失达30亿元(按1988年市场价计算)。对南方11个省的估计,酸雨造成的直接经济损失可达44亿元。现在大多数专家认为,森林的生态价值远远超过它的经济价值。虽然对森林的生态价值的计算方法还有一些争议,计算出来的数字还不能得到社会的普遍承认,但森林的生态价值超过它的经济价值,这几乎是一致的。根据这些计算结果,森林的生态价值是它经济价值的2~8倍。如果按照这个比例来计算,酸雨对森林危害造成的经济损失是极其巨大的。

一亩树林作用有多大

一亩树林每天能吸收67kg二氧化碳,放出49kg氧气。

一亩树林一个夏季可蒸发42吨水,一年可达300~500吨。

一亩树林一年可吸收各种灰尘22~60吨。

一亩树林一个月可以吸收有毒气体4kg。

一亩有林地比一亩无林地多蓄水20吨。

一亩防风林可保护100多亩农田免受风灾。

(五) 电磁辐射的危害

人类一直生活在电磁环境里,地球本身就是一个大磁场,其表面的热辐射和雷电都可产生电磁辐射。此外,太阳及其他星球也自外层空间源源不断地产生无处不在、无时不在的电磁辐射。电磁辐射和电磁污染是两个不同的概念,天然产生的电磁辐射对人体没有损害,对环境造成污染的是人工产生的电磁辐射。

19世纪80年代,人们利用电磁感应原理,建立起世界上第一座发电站,人类迈进了电磁辐射的应用时代。如今移动通信的大面积使用,以及家家必备的彩电、冰箱的普及,使得电磁辐射的应用已经深入到人类生活的各个方面。国家环保总局专家监测显示,现阶段我国的电磁辐射环境还是比较良好的。

电磁辐射只有在超过一定强度(即安全卫生标准限值)后,才对人体产生负面效应,对人体构成威胁。如果在电磁辐射超强度环境下长期作业,会导致头疼、失眠、记忆力衰退、血压升高或下降、心脏出现异常等症状。严重的可能引起部分孕妇流产、白内障,甚至诱发致癌。但是,不同的人或同一人在不同年龄段对电磁辐射的承受能力是不一样的,即使在超标环境下,也不意味着所有人都会得病。当然,对老人、儿童、孕妇或装有心脏起搏器的病人,对电磁辐射敏感人群及长期在超剂量电磁辐射环境中工作的人应采取防患措施。各种家用电器、办公设备、移动电话等都应尽量避免长时间操作。对各种电器的使用,应保持一定的安全距离。如眼睛离电视荧光屏的距离,一般为荧光屏宽度的5倍左右;微波炉开启后要离开1米远,孕妇和小孩应尽量远离微波炉;手机在使用时,应尽量使头部与手机天线的距离远一些,最好使用分离耳机和话筒接听电话,手机接通瞬间释放的电磁辐射最大,为此最好在手机响过一两秒或电话两次铃声间歇中接听电话。

综上所述,环境污染严重,人口盲目增长,粮食短缺,对土地资源的压力愈来愈大。1952~1986年间,我国人均耕地面积减少了一半,我国现有耕地只有世界耕地的7%,但要养活世界22%的人口,而我国土地资源的最大承载量为15亿~16亿人口。若过度地提高土地的复种指数,会加重水土流失,气候

失调，土地沙化，导致生态环境的进一步恶化。因此，保护环境是人类社会生存发展的永恒主题。

二、环境保护

人类只有一个地球。经人类科学家多年探测和考察的结果证明：就目前而言除地球外的其他行星并非仙境，只有地球才是人类目前惟一的最理想、最优越的生存发展基地。它有肥沃的土地，充足的水源，新鲜的空气，适宜的气候，温暖的阳光，茂密的森林，肥美的草原，丰富的能源和无数的地下宝藏。在地球上有人类赖以生存发展所必需的一切优良条件和理想的自然环境。特别是空气、阳光、淡水、气温等最基本的条件。在目前已探知的星球中，没有任何一个能和地球媲美。"上帝"恩赐给地球适宜于人类生存发展的得天独厚的优良条件，至少已有1万多年了。然而，地球"母亲"养育人类"儿女"的能力却是有限的，她的空间有限，淡水有限，氧气有限，矿藏有限，不能满足人类"儿女"无限繁衍和不断索取的需要，地球"母亲"已向人类"儿女"频频拉响各种养育资源开始显露出"零"危机的警笛。自人类诞生在地球几百万年的历史似乎向我们证明了这样一个颠扑不破的法则：世间万事万物发展到最终都会走向反面。为了避免人类走向反面，我们需要加倍爱护现在人类惟一最理想最优越的生存发展基地——地球。

我国环境污染已经十分严重，在不少地区有些污染物排放总量已明显超过环境承载能力。随着经济和人口增长，污染物排放总量还会增加。我国政府为了保护人类赖以生存的环境出台了"中华人民共和国环境保护法"、"中华人民共和国海洋环境保护法"、"中华人民共和国水污染防治法"、"中华人民共和国大气污染防治法"等多项法规。为了实现环境保护目标，我国实施严格控制污染物排放总量。实施污染物排放总量控制，将促进资源节约、产业结构优化、技术进步和治理污染，推动经济增长方式转变。

到2001年底，全国共建立自然保护区1551个，其中国家级171个，占国土面积12.9%，初步形成了全国性的保护区网络。中国自然保护区在国际上影响日益扩大，全国已有21处自然保护区加入"世界人与生物圈保护区网络"，21处自然保护区被列入《国际重要湿地名录》，3处自然保护区被列为世界自然遗产地。目前我国70%的陆地生态系统种类、80%的野生动物和60%的高等植物，特别是国家重点保护的珍稀濒危动植物绝大多数都在自然保护区里得到较好的保护。截至2000年，全国有植物园140多个，栽培中国区系植物约18000种，约占中国区系成分的65%；全国已建立近200个动物园和野生动物园，230多处野生动物人工繁殖场，20多处水族馆，数十处鸟类动物园，建立了东北虎、野马、高鼻羚羊、扬子鳄等濒危野生动物救助和繁育中心14处，建成淡水鱼类种质资源综合库、鱼类冷冻精液库、试验性牛羊精液库、胚胎库等。

第2节　遗传与环境的关系

众所周知，生物的遗传离不开环境，生物性状的表现与环境有着密切的关系。遗传病的产生，一方面是遗传物质的直接关系；而另一方面，是环境因素引起的。生物有些性状或疾病的表现是遗传和环境共同作用的结果。

Nature and Nurture

"天性（nature）"通常指人先天具有的品质或性情；"环境因素（nurture）"最初指父母给孩子的教养，广义上则指整个大的社会环境。遗传与环境究竟哪一个对人的影响更大呢？几十年来，这个问题一直困扰着教育学家、心理学家、遗传学家。他们进行了大量的实验与研究，希望找到问题的答案。从某种程度来说，一个人与生俱来的品质和潜力决定他一生的命运。但是，人不是生活在真空里，必然受到其生活环境的影响，基因也是如此。一个人的特性不可能完全由其基因或其环境造成。同卵双胞胎就是个很好的例子。他们具有相同的基因，在同样的环境中成长，他们的举止、心理特点、思维方式以及对环境做出的反应等都表现出高度的相似性。然而，当他们一出世就被分开抚养，而生长的环境又有较大的差异时，他们之间就具有实质性的差异。不同的生活环境造成不同的心理特点，而不同的心理特点又可决定一个人的经历。

一、遗传物质的损伤

由于环境中许多有害物质，使人类遗传物质在量上和质上发生大的额外的改变，从而导致许多不良后果，这种现象称之为遗传物质损伤。由于某种自然的原因，如自然界的辐射线、天然化学品等，使人类的遗传物质发生变异，但是这种自发变异的频率很低，一般认为，高等生物每代1万～100万个生殖细胞中有1个基因突变。遗传物质自发变异与遗传物质损伤在发生的原因和后果上相异，但对遗传物质改变的本质则相同，差别在于程度。自然界和人类生产活动中产生的能导致遗传物质损伤的因子可分为物理性致损伤因子、化学性致损伤因子和生物性致损伤因子三大类。

（一）物理性致损伤因子

物理性致损伤因子最明显的是电离辐射。引起遗传物质损伤的射线主要有两大类，一类是波长极短的电磁波射线，如X射线和γ射线；另一类是高能量的基本粒子，如α粒子、β粒子和中子。在自然界中存在着各种各样的射线，来自宇宙或地球上某些放射性物质，但剂量极微，不足以对人体健康构成威胁。大量的射线来自于人类活动，如原子弹爆炸后散落的放射线尘埃，医疗上所用的放射线和工业放射性物质，均可对人类遗传物质造成损伤。电离辐射不仅可引起DNA损伤，也可引起染色体损伤。以后者为例，其损伤多发生于间期细胞，如在间期中的S期或G_1期，由于这时期DNA开始或完成复制，其作用会促使染色体单体型畸变，包括染色体单体断裂、染色体单体互换和染色单体裂隙等，但辐射主要是导致各种类型的染色体畸变。

（二）化学致损伤因子

环境中的化学污染物，其中很多属于化学致损伤剂。如在工业生产、交通运输、生活炉灶及食品烤制中都会产生多环芳烃类污染物。该类物质进入人体代谢产生一种中间物质叫环氧多环芳烃类，它可进入细胞核作用于DNA。其方式有两种，一种是亲电子的环氧化物通过活化K区与DNA的鸟嘌呤结合，使鸟嘌呤烷基化，并使其性质发生改变，以至在DNA复制过程中，碱基配对发生错误；另一种是环氧多环芳烃类可在DNA链原有的碱基序列中插入1个碱基或失去1个碱基，使整个DNA链上编码顺序移动。另外，杀虫剂中三聚氰酰胺、乙酯杀螨醇等，药物中的丝裂霉素、氯丙嗪、东莨菪碱等都可致染色体畸变。

（三）生物致损伤因子

病毒可使宿主染色体发生畸变，尤其是致病病毒。Rous肉瘤病毒、风疹病毒、带状疱疹病毒、肝炎病毒、麻疹病毒、腮腺炎病毒以及Burkitt淋巴瘤病毒等均可引起染色体畸变，主要类型为断裂和重排，也可见到部分染色体丢失。

总之，遗传物质损伤可引起遗传病、先天畸形、流产、死胎及癌症。据报道20%～30%的发育异常与生殖细胞遗传物质受损有关，环境中有些有害物可使生殖细胞的基因和染色体受损，从而使后代发生畸形，如自然流产中40%可见到染色体畸变。体细胞遗传物质损伤虽不会遗传给下一代，但可影响到细胞的正常分裂，故致损伤因子如作用于早期胚胎细胞，就会导致胎儿畸形发生。胚胎发育前3个月是敏感期，这时候环境中许多有害物质可引起胎儿畸形、流产和死产，务必引起注意。遗传物质损伤另一严重的后果是诱发癌症，不少致遗传物质损伤因子能作用于体细胞，诱发基因和染色体异常，导致细胞癌变，如大气污染煤烟中苯丙芘、食物污染中黄曲霉毒素等都是强烈致癌剂。

人类赖以生存的外界环境中存在着各种物质，这些物质往往具有各种复杂的构成从而形成了不同的环境状态，并对人体健康产生一定作用。近年来，随着社会工业化的进程，环境中各种有害物特别是工业"三废"逐年倍增，新化学物质每年以10000种的速度投入环境，这大大地超越了环境的自净能力，人类健康面临着严重的威胁。减少遗传物质损伤最根本的措施就是人类对自身所处环境的重视，从立法、科学研究、公民意识诸方面加强对环境的保护。即使我们重视了对环境的保护，但环境中导致遗传物质损伤的因子不可能完全被清除，故加强自我防护颇为必要。例如，孕妇在传染病流行期间，尽量不要到公共场所；尽

量减少从事那些接触有害物质的劳动等。从事接触放射线的工作者,尤其要做好射线防护。讲究饮食卫生,少食变质、腌制、霉变、烟熏的食物等,均为预防遗传物质损伤的有益之举。自我防护更多地涉及个人的行为方式,吸烟、酗酒应为可弃之列。遗传工程是近代生命科学重大进展的标志,它用人工方法,将一种生物遗传物质转移到另一生物细胞内,以改变后者的遗传特性,表达产生新的生物品种或性状。它使人们有可能按照自己的意志来改造生物界,使之更好地为人类服务,近年来利用遗传工程可对损伤的遗传物质进行修复和治疗,已取得突破性的进步,它的实际应用将大大地造福于人类的健康事业。

二、遗传与环境

环境污染也可导致多胞胎

科研人员指出:现今的"龙凤多胞胎"大多不是自然受孕,这种情况不利于优生优育,不仅不值得羡慕,而且还应谨慎对待。现代社会中,生活、工作压力的增加,不健康生活方式的流行及环境污染的加剧,导致了妇女不孕率的上升。而这些妇女常会在医生指导下服用促排卵药物和激素类药物,这就有可能使一些妇女一次生成并排出两个以上的卵子,这些卵子若与精子相遇,就可能成多个受精卵,进而发育成为多胎。环境污染导致多胞胎出生率上升,最初是由英国研究人员发现的。在一次人口普查中,研究人员发现,某地区的双胞胎、多胞胎的出生率比正常情况高出3~5倍,通过研究,发现这一现象与该地区焚烧炉排放的多氯化合物有关,这类化合物可使人的生殖细胞发生突变而导致多胎频频降生于世。调查结果表明:无论是早产儿还是低体重儿,虽然体格发育与其他婴儿无明显的不同,但是脑性瘫痪、视网膜病变、听力障碍、癫痫和肺发育不良的发生率却明显高于正常婴儿。

生物性状的表现与遗传物质和环境有密切的关系。遗传物质是内因,环境因素是外因。通过前面的学习,我们知道,遗传物质的改变,可引起单基因病、多基因病、染色体病等多种遗传病。但事实上,生物性状或遗传病的产生是遗传和环境共同作用的结果,其中,多基因遗传病的发病,受遗传因素和环境因素的

双重影响,两者的作用成反比关系,即当遗传因素所起的作用愈大,则环境因素的作用就小;反之,当遗传因素的作用较小时,则环境因素的作用就更为重要。

肿瘤是一种常见病、多发病。各种环境因素直接或间接作用于体细胞的遗传物质,引起染色体或DNA的改变,在这个基础上,一个体细胞才能去分化并无限制地增殖而形成恶性肿瘤,就是人们常说的癌。据统计,全世界每年约有500万人死于癌症,恶性肿瘤是目前危害人类健康最严重的疾病之一。在一些欧美国家,癌症的死亡率仅次于心血管系统疾病而居第二位。在我国,男性癌症死亡居各类死因的第二位,占总死亡率的11.31%;女性占第三位,占总死亡率的8.85%。从年龄段来看,35~54岁的中年人癌症死亡居各类死因的首位,占总死亡率的21.56%。另据统计资料综合估计,全国每年死于癌症的人数为90多万。

案例8-3

20世纪30年代,在日本一个偏僻的小镇里,发生了一件怪事。村上先后有十多人发了疯病,这些人精神紊乱,行动反常,时而大哭,时而大笑,四肢变得僵硬……他们的病,给各自的家庭带来了灾难,也惊动了当地政府和有关医疗部门。当地的警察局和医院派出调查组,进行了大量的访问、调查,发现这些患者身体中金属锰离子的含量比一般人要高得多。正是这些锰离子使这些人中毒并发了疯。过多的锰离子进入人体,起初使人头疼、脑昏、四肢沉重无力、行动不便、记忆力衰退,进一步发展使人四肢僵死、精神反常,时而痛哭流涕,时而捧腹大笑。那么过多的锰离子又是从何而来呢?原来,这个小镇的人常把使用过的废旧干电池随手扔在水井边的垃圾坑里,久而久之,电池中的二氧化锰,在二氧化碳和水的作用下,逐渐变为可溶性的碳酸氢锰并渗透到井边,污染了井水,人们饮用了含有大量锰离子的水,便引起了锰中毒,造成了十多人发疯的怪事。

1. 以上案例说明什么问题,我们该如何做?
2. 案例中的疯病是否可以避免?
3. 这种疯病,若让其自然发展,是否会造成一个家庭几代人都得此病?此病是遗传病吗?
4. 长期生活在此环境中,是否会造成该地区人的遗传物质改变?

研究表明,因电离辐射、药物、病毒感染等多种环境因素可以导致先天畸形、智力低下、身材矮小、性别畸形、先天性代谢缺陷等多种遗传病的产生。因此,生物性状或疾病的遗传是遗传与环境共同作用的结果。

> 人类离不开环境,环境与遗传密切相关。环境污染包括大气污染、噪声污染、水污染、酸雨的危害、电离辐射的危害等方面。世界各国对环境污染已表现出足够的重视,密切关注环境污染对人类的危害。由于环境的恶化可导致遗传疾病病种的增加和发病率的上升。

小 结

一、名词解释

1. 环境污染 2. 大气污染 3. 水污染 4. 噪声

二、填空题

1. 工业"三废"是指_____、_____、_____。
2. 大气污染分为_____污染和_____污染两类。
3. 水污染分为_____污染和_____污染两类。
4. 噪声的显著特点是:无_____存在、不产生_____积累、_____有限、传播不远、振动源停止振动_____消失、不能集中治理。
5. 自然界和人类生产活动中产生的能导致遗传物质损伤的因子,可分为_____。

三、简答题

1. 酸雨可造成哪些危害?
2. 环境所造成的遗传物质的损伤有哪些?
3. 举例说明环境污染给人类带来的危害?

医学遗传学基础实验

实验一 显微镜的结构和使用

【实验目的】
1. 知道一般光学显微镜的结构
2. 学会显微镜的使用和保护方法
3. 培养科学严谨的工作作风

【实验内容】
1. 显微镜的结构
2. 显微镜的使用方法
3. 显微镜的保护方法

【实验用品】

显微镜、血涂片、擦镜纸、二甲苯、香柏油等。

【实验步骤】

(一) 显微镜的结构(实验图 1-1、实验图 1-2)

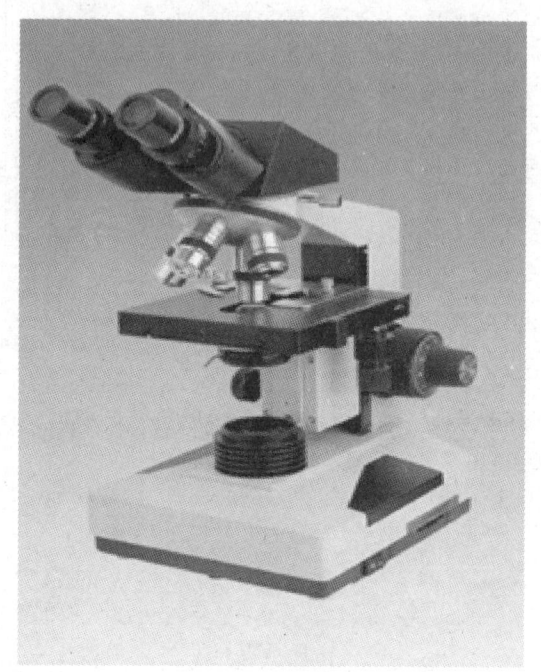

实验图 1-2 双目显微镜实物图

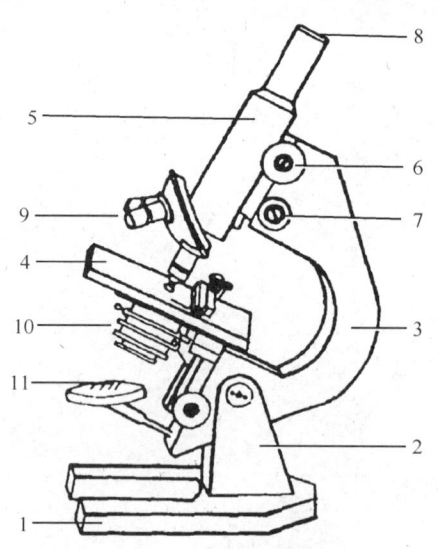

实验图 1-1 显微镜的结构示意图

1. 镜座 2. 镜柱 3. 镜臂 4. 载物台 5. 镜筒 6. 粗调旋钮
7. 细调旋钮 8. 目镜 9. 物镜 10. 聚光镜 11. 反光镜

1. 机械部分

(1) 镜座：马蹄形或方形,起支持和稳定作用。

(2) 镜柱：镜座上面的一直立短柱,与镜臂相连。

(3) 镜臂：镜柱上方的弓状部分,为取送显微镜时的手握部位,其上下两端分别有镜筒和载物台。

(4) 载物台：方形,用以放置标本片,中央有一通光孔,其上有标本推动器或标本压夹。

(5) 镜筒：圆柱形,长 160mm,直立或倾斜。上接有目镜,下有旋转盘。

(6) 旋转盘(物镜转换器)：凸形圆盘,有 3~4 个物镜孔,一般装有 2~3 个物镜。更换物镜时,转动旋转盘,使盘内的"T"形卡与物镜孔的边缘缺刻相吻合,即可使物镜和光轴同心。

2. 照明部分

(1) 反光镜：位于镜座上或镜柱前,有平凹两面镜。光线较强时,一般采用平面镜,光线较弱时用凹面镜(因其有聚光作用)。

(2) 聚光器:位于载物台通光孔下方,由一组透镜组成,其作用是将反光镜反射来的光线集中射向标本片,以增加亮度。旁边的小螺旋用来升降聚光器,上升聚光器时,光线增强;下降聚光器时,光线减弱。(注:有一种显微镜无聚光器,取而代之的是聚光盘,它是一个黑色圆盘,紧贴在载物台下方,可转动,其上有五个大小不等的圆孔,通过这些圆孔可调节射向标本片光线的强弱。)

(3) 光圈:位于聚光器下方,由多个金属片构成。拨动外侧的小柄可使光圈扩大或缩小,以调节亮度。

3. 光学部分

(1) 目镜:短圆筒状,装于镜筒上端,放大倍数有 5 倍、10 倍、15 倍之分,分别标有 5×、10×、15×字样,目镜筒内可粘一段头发或细钢丝,用做指针,以指明所观察目的物的位置。

(2) 物镜:装在物镜转换器上,分低倍镜、高倍镜和油镜,分别以红、黄、白圈表示,每个物镜上刻有相应的标记,如 10/0.25 和 160/0.17 刻在某一物镜上,表示该物镜放大倍数为 10 倍,镜口率(N.A)为 0.25,所要求的镜筒长度为 160mm,盖玻片的厚度为 0.17mm。

放大倍数 = 目镜的放大倍数 × 物镜的放大倍数

(二) 显微镜的使用方法

1. 低倍镜的使用

(1) 准备:打开显微镜箱,右手握镜臂,左手托镜座,取出显微镜,轻放在实验台偏左方,距桌边 5cm 为宜。

(2) 对光:转动粗调旋钮升高镜筒(或下降载物台),转动旋转盘使低倍镜对准通光孔。打开光圈上升聚光镜,双眼睁开,用左眼(使用双目镜用双眼)在目镜上观察,调整反光镜,使视野内均匀明亮。

(3) 置片:将标本片有标本的一面向上置于载物台上,使标本对准通光孔以弹簧夹夹住。

(4) 调焦:从侧面注视物镜,转动粗调旋钮,使物镜距标本片 0.5cm 时,再用左眼(使

用双目镜用双眼)从目镜中观察视野,同时转动粗调旋钮使物镜缓慢上升,直到视野中出现物像为止。

2. 高倍镜的使用

(1) 在低倍镜下找到物像后,将要放大观察的部位移到视野中央。

(2) 从侧面注视物镜,转动旋转盘,调换高倍镜。注意勿让镜头接触标本片。

(3) 左眼观察(使用双目镜用双眼),用细调旋钮调节焦距(禁止用粗调旋钮,以免损伤镜头和压坏标本片),直到物像清晰为止。需要更换标本时,先转开物镜,升高镜筒,再换标本片,然后从低倍镜到高倍镜重新调节。

3. 油镜的使用

(1) 在高倍镜下找到物像后,将要观察的部位移到视野中央。

(2) 转开高倍镜,在要观察的标本部位滴 1 滴香柏油,从侧面注视,转动旋转盘,将油镜浸入香柏油中(镜头勿接触标本片)。

(3) 左眼观察,用细调旋钮调焦,直到物像清晰为止。

(4) 观察完毕,先升高镜筒,将镜头旋转开,然后用擦镜纸沾少许二甲苯将镜头、玻片上的香柏油擦干净(无盖玻片的标本不能擦,以免损坏标本)。临时装片因水分较多,一般不用油镜。

(三) 显微镜的保护方法

显微镜是一种精密仪器,必须正确使用和精心保护。

(1) 取送显微镜时,要轻拿轻放,切勿斜提和前后摆动。

(2) 检查显微镜是否完好,如有损坏立即报告老师。镜身用绸布擦拭,光学部分和照明部分用擦镜纸擦拭。

(3) 不要随便取下目镜,以免落入尘土,影响观察效果。

(4) 观察永久标本时,倾斜角度不得超过 45°;观察临时装片时,要加盖玻片,并不得倾斜载物台。

(5) 切忌水、乙醇、腐蚀性药品等沾污显微镜。

(6) 置片时,应将有标本的一面向上;否

则,使用高倍镜和油镜时将找不到物像。

(7) 使用完毕,应上升镜筒,取下标本,并将物镜旋转开(使镜头不正对通光孔)。再下降镜筒,使物镜接近载物台。将反光镜立起来,以免落入尘土。然后,将显微镜放回原处。

【实验报告】

1. 写出显微镜各部件的结构名称
2. 写出显微镜的保护方法

实验二 细胞的有丝分裂

【实验目的】

1. 初步学会植物细胞有丝分裂临时压片制作方法
2. 说出动植物细胞的有丝分裂各个时期的特点,比较异同
3. 学会显微镜下绘制生物图的方法
4. 培养科学严谨的工作作风

【实验内容】

1. 观察植物细胞(洋葱根尖细胞)有丝分裂各期的特点
2. 观察动物细胞(马蛔虫)有丝分裂各期的特点

【实验用品】

显微镜,载玻片,盖玻片,擦镜纸,吸水纸,培养皿,解剖剪,解剖镊,小玻璃皿,纱布、广口瓶;盐酸乙醇,1%甲紫(龙胆紫)溶液;洋葱或大蒜,马蛔虫子宫横切片。

【实验步骤】

一、观察植物细胞有丝分裂各期的特点

(一) 洋葱根尖的培养

实验前3~7天,把洋葱放在盛有清水的广口瓶上,使洋葱或大蒜底部接触到水面。待根长出1~2cm后,就可以剪取根尖制片观察。

(二) 洋葱根尖临时标本片的制作

(1) 将洋葱根在距根尖0.5cm处剪断,投入盐酸乙醇内固定5~10min;或将根尖置于卡诺固定液中固定3h后,再转入70%乙醇中长期保存备用。

(2) 待根尖变软后,取出根尖,用清水漂洗5~10min。

(3) 将漂洗后的根尖,放入盛有1%甲紫溶液的小玻璃皿内,染色5~8min。把染色后的根尖放到载玻片上,加一滴水,盖上盖玻片。

(4) 用橡皮头压片,把根尖压平,使细胞分散,再用吸水纸吸去多余的染液,置显微镜下观察。

(三) 洋葱根尖有丝分裂的观察

取洋葱根尖纵切片(或上述方法制作的压片),在低倍镜下找到染色较深的部位,即为根的生长区。此处细胞较小,略呈方形,排列比较整齐、紧密,该处可见许多处于不同分裂期的细胞。换高倍镜仔细观察有丝分裂各期细胞(实验图2-1)。各期特点如下:

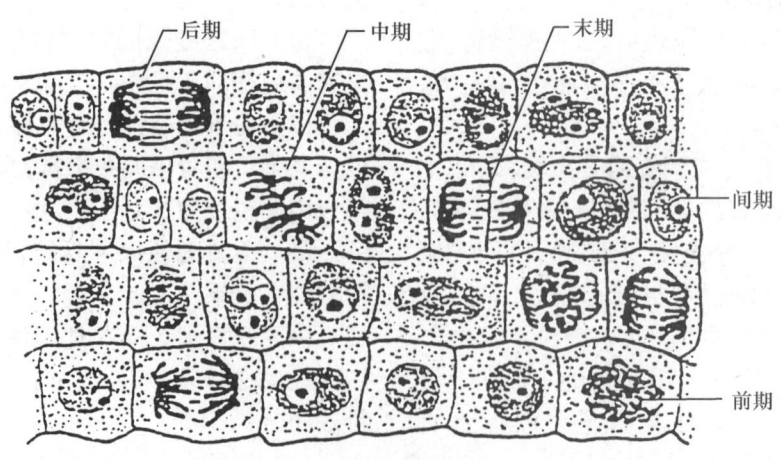

实验图2-1 洋葱根尖细胞有丝分裂示意图

1. 间期 在光镜下可见有明显的细胞核,细胞核较小,位于细胞中央,核膜清晰,核仁明显(1~3个呈球状体)。染色质分布均匀,易于碱性染料结合,故细胞核染色较深。

2. 前期 细胞核膨大,染色质丝逐渐缩短、变粗,形成染色体。每条染色体由两条染色单体组成。核仁、核膜逐渐消失。

3. 中期 染色体达到最大的浓缩,形成光镜下最清晰、最典型的染色体,排在细胞中央,形成赤道板。

4. 后期 每条染色体的着丝粒一分为二,两条染色单体互相分开,各自成为独立的、结构相同的染色体,两组染色体分别移向细胞两极。

5. 末期 染色体移到细胞两极并解旋变为染色质,纺锤体消失,细胞中部出现细胞板,逐渐向两边延伸。核仁、核膜重新出现,形成两个子细胞核。细胞板达到两边,分隔细胞质成为两个子细胞,其染色体数目不变。

二、观察动物细胞有丝分裂各期的特点

取马蛔虫子宫横切片,置低倍镜下,可见马蛔虫子宫腔内有许多圆形的卵细胞。卵细胞外面有较厚的卵壳。卵壳与细胞之间的空间叫围卵腔。换高倍镜观察马蛔虫卵细胞有丝分裂(实验图2-2)各期的特点。

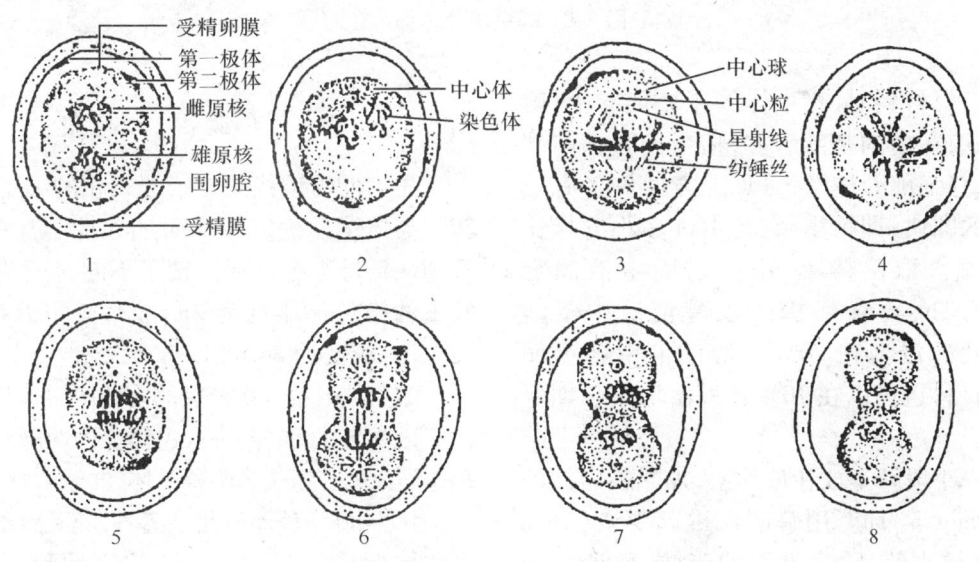

实验图2-2 马蛔虫受精卵有丝分裂示意图
1. 受精 2. 前期 3、4. 中期 5、6. 后期 7、8. 末期

动物细胞有丝分裂过程和植物细胞有丝分裂过程基本相同,其全过程也分前、中、后、末四个时期,在染色体的形成、纵裂、分离成两组、核膜及核仁的消失和重现等方面两者基本一致。但有两点主要的区别,应注意:

1. 动物细胞有中心体 前期,中心粒复制成两组,并彼此分离,移向两极,分离时两中心粒之间出现纺锤丝构成纺锤体,中心粒周围形成星射线构成星体。

2. 动物细胞没有细胞壁 末期时,两个子核间不出现细胞板,而是通过中部的细胞膜内凹,以横缢方式把细胞分裂为二。

【实验报告】
1. 绘制洋葱根尖细胞分裂各期形态图
2. 说出有丝分裂各时期的染色体变化特征

实验三 减数分裂

【实验目的】
1. 简述减数分裂的过程和各期的特点
2. 说出动物精子形成时在减数分裂阶段染色体的形态变化
3. 学会压片和染色的技术

【实验内容】
1. 标本片的制备
2. 显微镜下观察

【实验用品】
雄蝗虫(蚱蜢),显微镜,载玻片,滴瓶,眼科剪,解剖针,玻璃皿,吸水纸,酒精灯,95%乙醇溶液,70%乙醇溶液,卡诺固定液,醋酸洋红

液或改良苯酚品红染色液。

【实验步骤】

一、标本片的制备

雄性蝗虫的鉴别：雄性蝗虫腹部末端朝上，形似船尾，雌性蝗虫腹部末端分叉（实验图3-1）。蝗虫在夏、秋季易捕获，在此两季做实验可用新鲜材料。若是在其他季节做实验，应事先将实验材料固定准备好。即取雄性蝗虫，剪去头、翅、附肢，投入卡诺固定液固定24小时后，换95%乙醇溶液浸泡30min，然后浸泡于70%乙醇溶液中，长期保存备用。

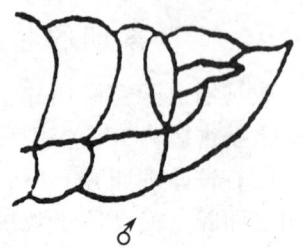 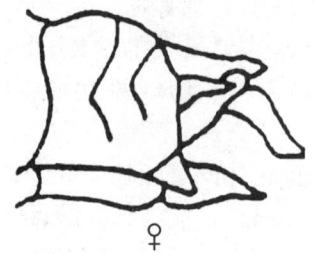

实验图3-1　蝗虫尾部结构示意图

用新鲜材料时，将虫体放在玻璃皿上，剪去头和翅，在翅的基部后方，相当于腹部前端的背侧，仔细剪开体壁，可见上方两侧各有一条黄色的圆块，即精巢，它是由许多小管栉比排列而成。取出精巢，用卡诺固定液固定30min至1h，再移到95%乙醇溶液中浸泡15min，然后浸泡在70%乙醇溶液中即可使用。此材料也可以在70%乙醇溶液中长期保存备用。

取一小段精巢放在玻片上，加醋酸洋红液染色30min至1h。用解剖针挑起少量（1mm以内）精巢小管，除去外面的脂肪，放到载玻片上，加一滴醋酸洋红液。盖上盖玻片，在酒精灯上经过2~3次加热，覆盖吸水纸，压片，镜检。或取一小段精巢小管置于载玻片上，用吸水纸吸去多余的水后，滴1~2滴改良苯酚品红染色液于其上，染色5min左右，压片，镜检。

二、显微镜下观察

先用低倍镜找到处于分裂相的细胞，然后转到高倍镜下确定所属时期。在制片中可以看到从精母细胞到成熟精子不同时期的图像。蝗虫的染色体雄性为$2n=23$，其中有一条性染色体，雌性为$2n=24$。

蝗虫减数第一次分裂的前期历时较长，染色体变化复杂。此时同源染色体要两两配对，由于每条染色体已纵裂为两条单体，并于着丝点处相连，因此同源染色体彼此分离时，交叉点不分离，染色体形成"+"、"O"或"8"字图形（实验图3-2）。直到前期末染色体浓缩，交叉点开始分开，核膜消失，出现纺锤丝，前期结束。其他各期的染色体形态变化与减数分裂的一般变化相符。减数分裂结束时，形成4个精细胞，每个精细胞中含单倍数染色体，即$n=11$，或$n=12$。精细胞经过变态成为精子（实验图3-3）。

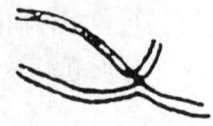  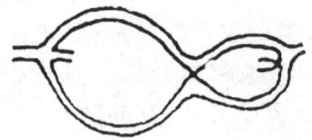

实验图3-2　蝗虫精母细胞内四分体的交叉示意图

【实验报告】
绘制蝗虫精母细胞减数分裂形态图
附：固定液和染色液的配制
1. 卡诺固定液　分别取无水乙醇3份，冰醋酸1份混匀即可。

2. 醋酸洋红染液
（1）45%醋酸溶液100ml，加胭脂红粉（carmine）1g，煮沸（维持时间不超过30s），冷却过滤即成；也可以再加1%~2%铁明矾水溶液5~10滴。

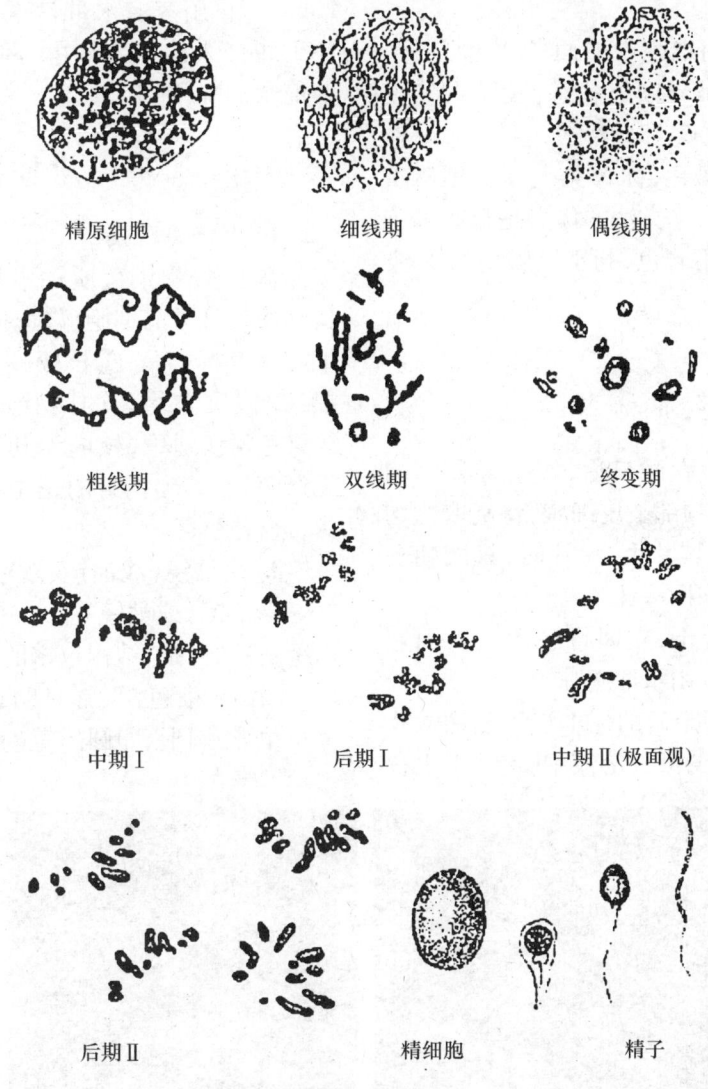

实验图 3-3　蝗虫精巢生殖细胞减数分裂示意图

（2）45%醋酸溶液 200ml（90ml 冰醋酸 + 110ml 蒸馏水）加热至沸腾，缓缓溶入洋红粉末 1g，微微搅动，继续加热至沸腾 0.5~1h，静置 12~24h，过滤后保存在有玻璃塞的棕色瓶中，避光存暗处，分装小瓶备用。

3. 改良苯酚品红染液

（1）A 液：取碱性品红 3g，溶于 70% 乙醇溶液 100ml 中（可长期保存）。

（2）B 液：取 A 夜 10ml，加入 5% 苯酚溶液 90ml。

（3）C 液：取 B 液 45ml，加入冰醋酸 6ml、35%~40% 甲醛溶液 6ml。

（4）改良苯酚品红染液：取 C 液 10ml，加入 45% 醋酸溶液 90ml，山梨醇 1g。

注：染液配好 2 周后使用，最长保存 2 年。

实验四　X 染色质的标本制作与观察

【实验目的】

1. 能够观察 X 染色质的形态特征、数目及所在部位
2. 学会 X 染色质标本的制作方法与技巧
3. 熟悉性染色质检查的临床意义

【实验内容】

口腔上皮细胞 X 染色质标本的制作及观察

【实验用品】

1. 器材　显微镜、载玻片、盖玻片、烧杯、量筒、吸管、牙签、染色缸、擦镜纸、吸水纸等。

2. 试剂　硫堇染液、0.85% 生理盐水、甲醇、冰醋酸、95% 乙醇、香柏油、二甲苯等。

【实验原理】

正常女性间期细胞中的两条 X 染色体,其中一条"失活"呈异固缩状态,紧贴在核膜内缘,呈三角形、圆形、卵圆形等,直径 1μm 左右,易被碱性染料染色,称 X 染色质。用硫堇染色法可使其着色,本方法的优点是只有细胞核清晰着色,胞浆不着色,利于核膜内缘 X 染色质的辨认与观察。

【实验步骤】

一、X 染色质标本的制作

1. 取材 受检者漱口后,用消毒牙签的钝端轻轻刮取口腔颊部上皮细胞,将刮取物均匀地涂在洁净的载玻片上,涂片时,只能朝一个方向涂抹,切勿来回涂抹。

2. 固定 不等干,立即将涂片放入固定液中固定 15min 后,用水冲洗晾干。

3. 染色 将固定后的标本浸入蒸馏水片刻,再浸入 5mol/L 的 HCl 溶液中,室温下水解 20min。再用蒸馏水冲洗 3~4 次,充分去除 HCl,再浸入硫堇染液中,浸染 10~20min,用蒸馏水冲洗,晾干,备用。

二、X 染色质标本的观察

1. 低倍镜观察

取一张 X 染色质标本片,先在低倍镜下找到均匀分散的细胞群,选择较典型的可计数细胞,(其标志是:①核较膨大,核膜完整无缺损;②核质呈均匀的网状或细颗粒状分布;③染色深浅适中,核内无其他块状染色颗粒,无杂菌)。移到视野的正中央,再转换高倍镜头,进行观察。

2. 高倍镜(或油镜)观察

高倍镜(或油镜)下 X 染色质是位于核膜内缘,轮廓清楚,结构致密的浓染小体,大小为 1~1.5μm,染色深,常紧贴在核膜内缘,一般呈三角形、圆形、卵圆形等(实验图 4-1)。

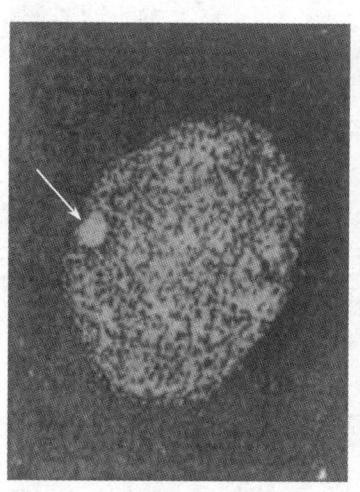 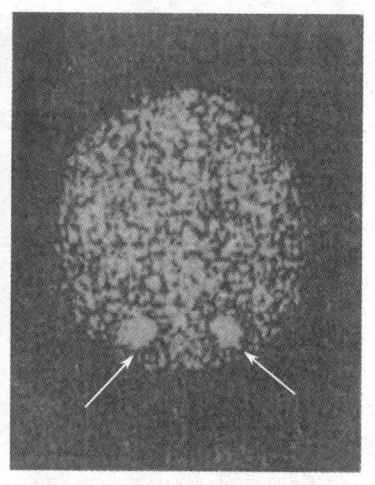

实验图 4-1 X 染色质照片

左:1 个 X 染色质;右:2 个 X 染色质

【临床意义】

1. 性别鉴定 正常的女性(46,XX)细胞中,X 染色质数目为 1,X 染色质的出现率一般为 10%~30%,有时可达 50% 以上。正常的男性(46,XY)一般 X 染色质数目为 0(偶尔见到不典型的 X 染色质)。

2. 疾病诊断 性腺发育不全症(45,X)患者中,X 染色质数目一般为 0;先天性睾丸发育不全症(47,XXY)患者中,X 染色质数目为 1,Y 染色质数目也为 1;在核型为 47,XXX 或 48,XXXY 的个体中,间期细胞核内有两个 X 染色质;在核型为 48,XXXX 或 49,XXXXY 的个体中,则有三个 X 染色质。

【实验报告】

1. 观察 观察 50 个可计数细胞,计算显示 X 染色质的细胞所占的比例,注明受检者的性别。

2. 绘制 绘制口腔黏膜细胞的 X 染色质图。

附:溶液的配制

1. 硫堇染液的配制

(1) 甲液:取 1g 硫堇加到 50% 100ml 的

乙醇中,充分溶解后过滤,备用。

(2) 乙液：NaAC·3H$_2$O 9.714g,巴比妥钠 14.71g,加蒸馏水至500ml,即成。

(3) 乙液28ml + 0.1mol/L HCl 32ml + 甲液40ml,混合即成硫堇染液。

2. 固定液的配制

甲醇：冰醋酸 = 3：1,用时现配。

实验五　人类染色体观察与核型分析

【实验目的】
1. 观察人类染色体的形态结构及数目
2. 学会人类染色体核型分析的方法
3. 培养科学严谨的工作作风

【实验内容】
1. 人类染色体标本片的观察
2. 人类染色体核型分析

【实验用品】

显微镜、剪刀、镊子、直尺、人染色体放大照片、人染色体标本片、核型板纸、胶水、香柏油、二甲苯、擦镜纸、铅笔等。

【实验步骤】

一、人类染色体标本片的观察

取一张正常人外周血染色体标本片,先在低倍镜下寻找分散良好的分裂相(实验图5-1),然后换高倍镜选取染色体不重叠的分裂相(实验图5-2)。每条染色体含有两条染色单体,两条染色单体连接处为着丝粒,着丝粒将染色体分为两个臂,分别为长臂(q)和短臂(p)。注意每条染色体的大小和着丝粒的位置,区分中央着丝粒染色体、亚中着丝粒染色体、近端着丝粒染色体。

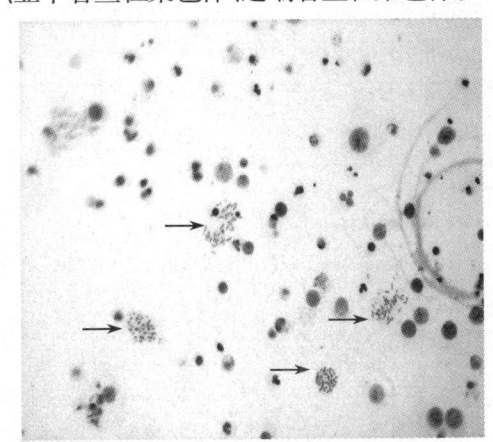

实验图5-1　低倍镜下的染色体照片

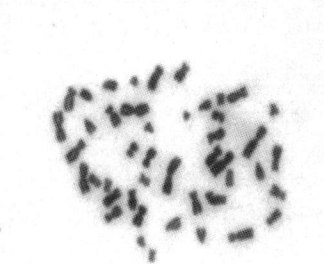

实验图5-2　高倍镜下的染色体照片

二、人类染色体核型分析

将人类染色体放大照片(实验图5-3)和人类染色体核型分析报告(实验表5-1)剪下,依照片上每条染色体的轮廓,将染色体逐个剪下,按染色体大小及着丝粒位置,排成一行。对照下面的人类染色体分组及主要形态特征表(实验表5-2),将剪下的染色体一一配对,贴在核型分析报告纸上,最后写明核型(46,XX 或 46,XY 及其他)。

实验表5-1　人类染色体核型分析报告

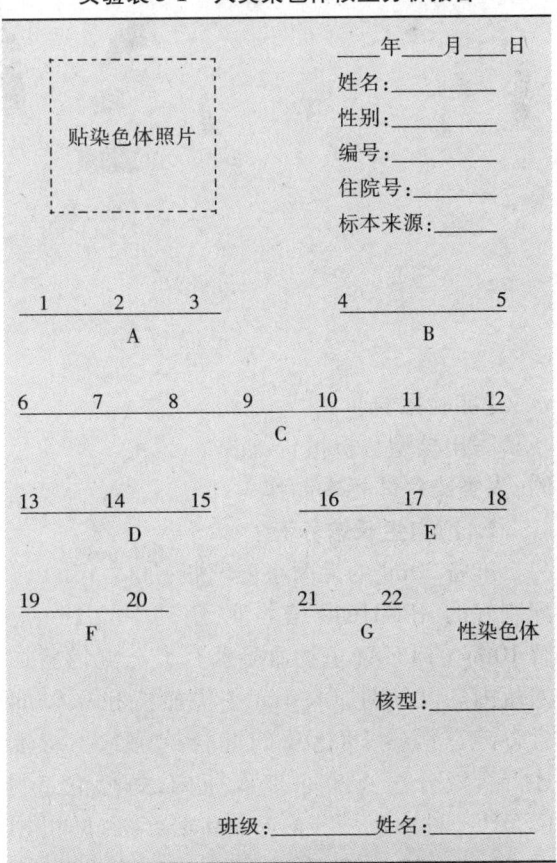

实验表 5-2　人类染色体分组及主要形态特征表

组别	染色体号	大小	着丝粒位置	随体	次缢痕	组内鉴别程度
A组	1~3	最大	中(1、3号) 亚中(2号)	无	1号可见	易鉴别
B组	4~5	次大	亚中	无		难鉴别
C组	6~12+X	中等(X介于7、8之间)	亚中	无	9号可见	很难鉴别
D组	13~15	中等	近端	有		难鉴别
E组	16~18	小	中(16号) 亚中(17、18号)	无	16号可见	易鉴别
F组	19~20	次小	中	无		难鉴别
G组	21~22+Y	最小(Y比21、22号大,Y两长臂平行)	近端	有(Y无)		易鉴别

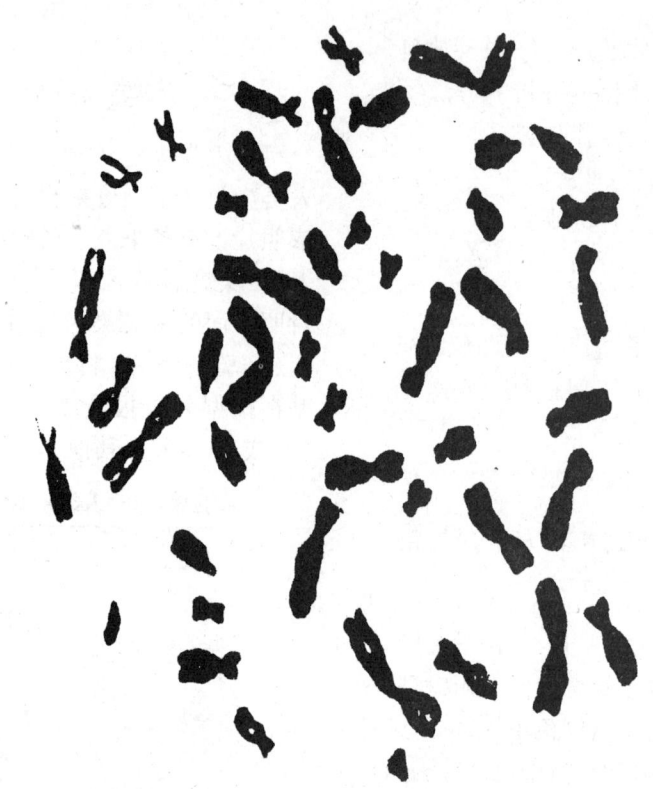

实验图 5-3　人类染色体放大照片

【实验报告】

写出核型分析报告

附:人类染色体标本制作

1. 细胞生长培养液

准备 20ml 的无菌小玻璃瓶,加入 16ml 已配制好的 RPMI1640 培养液,用其中的 1ml 溶解 10mg 的 PHA(植物血凝素),充分混匀后加入瓶内。再分别加入 4ml 小牛血清和 0.05ml 含青链霉素各 10000U 的混合抗菌素。将上述混合液分至 4 个小玻璃瓶内,每瓶含 5ml RPMI(一种人工培养液)1640 培养液,即可用于培养。

每瓶培养液中含有:

RPMI 1640 培养液　　80%

小牛血清　　20%

青霉素　　100U/ml

链霉素　　100μg/ml

植物血凝素(PHA)　　2mg(0.4mg/ml)

用 5% $NaHCO_3$ 液(或 0.1mol/L HCl)调节培养液的 pH 至 7.2。

2. 采血

常规消毒患者肘部皮肤,取 2~5ml 干燥灭菌注射器,接上7号针头,抽取肝素 0.2ml 湿润针管,从肘部静脉采血 1~2ml。轻轻转动针管,使血液与肝素混匀,送入无菌罩内或无菌室内将抗凝血液分别装入三个培养瓶内,每瓶含 0.3~0.5ml 全血。摇匀培养物后,静置于37℃恒温箱培养。

3. 秋水仙碱处理

用于染色体病的诊断时,需培养 70~72h,在培养终止前 4~6h 加入秋水仙碱,使淋巴母细胞停止在分裂中期。培养液中的最终浓度是 0.05~0.1μg/ml。

4. 制片

(1)离心:将培养物混匀,吸至刻度离心管内,经 1000~1500rpm/min,离心 8~10min,吸除上清液,保留底层沉淀物。

(2)低渗处理:加预热37℃的0.075mol/L KCl 低渗液 4ml,用滴管轻轻打匀细胞团,保持 37℃15~20min。使白细胞膨胀,染色体分散,红细胞解体。

(3)预固定:向低渗液中加甲醇:冰醋酸(3:1)固定液 1ml,混匀后停约 2min 使白细胞初步固定,避免染色体丢失。

(4)再离心:用 1000rpm/min 离心 8~10min,吸取上清液,保留沉淀物。

(5)固定:沿管壁加入新配制的固定液 4~5ml,用吸管打匀,静止 30min,再次离心 8~10min,去上清液。

(6)再固定:视细胞多少而加适量固定液,制成细胞悬液。

(7)制片:滴 1~2 滴细胞悬液于冰冻的洁净载玻片上,立即用口轻轻吹散,并在酒精灯的火焰上迅速加温烘烤,使标本迅速干燥。注意标本不宜加热过度,以免染色体发生变形、裂隙等人为变化。

5. 染色

用 1:10Giemsa 染色液染色 25~30min,用流水冲洗、晾干。

6. 观察

将制作好的人类染色体标本片放在显微镜下观察,选取染色体分散良好的分裂相进行显微镜照相,放大,制成人类染色体照片。

实验六　遗传病调查与系谱分析——参观儿童福利院

【实验目的】

1. 学会遗传病的调查与统计方法
2. 说出本地区遗传病的种类及临床表现
3. 学会遗传病系谱绘制、分析的方法
4. 锻炼在具体实践工作中调查研究、统计分析、论文写作的能力

【实验内容】

1. 听取福利院负责人介绍该院遗传病患者的基本情况,指导教师从中选择典型病历。
2. 阅读病历资料卡,采集有关病历资料。
3. 典型遗传病患者,由学生对其进行查体,询问并做好记录。
4. 根据收集的有关资料,做出系谱分析,得出遗传病所属类型的结论,并与实际诊断相比较,拟定预防措施。

【实验用品】

病历资料卡,核型分析报告单,细胞遗传学实验室诊断。

【实验原理】

显性遗传病具有世代相传的特点,隐性遗传病隔代出现;X 连锁隐性遗传病的遗传特点是交叉遗传,隔代出现,男性患者多于女性;X 连锁显性遗传病的遗传特点是世代相传,女性患者多于男性。

【注意事项】

1. 在调查过程中,应对被调查者持关心和同情的态度,取得他们的理解和配合,以便得到详实、准确的资料。在取得一系列资料后,应结合临床已报告过的病历综合分析,再根据遗传学检查结果,确立最终诊断。
2. 对收集到的所有疾病病历,要进行分类,并根据疾病类型进行发病风险的估计。
3. 认真填写调查表(实验表6-1)。
4. 积累同种病例,必要时做统计学分析。

【实验报告】

1. 填写遗传病调查表
2. 写出调查报告

实验表 6-1　遗传病调查表

姓名		性别		胎次		出生年月		民族		婚配		足龄	
身高(厘米)			体重(公斤)				头围(厘米)			胸围(厘米)			
出生身高(厘米)							出生体重(克)						
内眼角间距							外眼角间距						
主　诉				家系图									
症状和体征		头部(眼、耳、鼻、口、唇、颌、毛发)											
		四肢、手、足(皮纹)											
		躯干(颈、胸、腹、脊柱)											
		神志、智力、体态、皮肤、肌肉、其他											
		X 线检查											
		其他仪器诊断											
染色体核型							性染色质						
最后诊断													
疾病分类		A 确认			B 有可能			C 可能不是			D 不是		E 不详
单基因遗传病													
多基因遗传病													
染色体病													
非遗传病													

主要参考文献

蔡绍京,税林青.2006.医学遗传学.北京:人民卫生出版社
陈　竺.2005.医学遗传学.北京:人民卫生出版社
陈　竺.2001.医学遗传学.北京:人民卫生出版社
陈可夫,王学民.2006.医学生物学.上海:上海科学技术出版社
樊祥岩.1999.医学遗传学基础.南京:江苏科学技术出版社
樊祥岩,杨廷忠.1998.医学遗传学基础.南京:江苏科学技术出版社
康晓慧.2002.遗传与优生.北京:人民卫生出版社
周雪平,樊龙江.2002.破译生命密码——基因工程.杭州:浙江大学出版社
李　璞.2001.医学遗传学.北京:中国协和医科大学出版社
李　璞.2000.医用生物学.第4版.北京:人民卫生出版社
李　璞.2000.医学遗传学.北京:中国协和医科大学出版社
李　璞.1999.医学遗传学.北京:北京医科大学、中国协和医科大学联合出版社
李城涛.2005.医学生物学基础.北京:高等教育出版社
陆振虞.2001.医学遗传学.第2版.上海:上海科学技术文献出版社
柳家英.2000.医学遗传学.第2版.北京:北京医科大学出版社
柳家英.1998.医学遗传学.北京:北京医科大学、中国协和医科大学联合出版社
邵　宏.2002.医学遗传学.北京:科学技术文献出版社
王德启.2000.医学遗传学基础.北京:人民卫生出版社
王德启,孙惠兰,杨保胜.1999.医学遗传学.北京:人民军医出版社
许沈华,马胜林,刘祥麟.2003.认识基因.北京:人民卫生出版社
赵　斌.2003.医学遗传学基础.北京:科学出版社
赵汝良.2001.医学遗传学基础.第2版.北京:人民卫生出版社
张丽华.2005.医学遗传学基础.北京:高等教育出版社
张忠寿.2005.细胞生物学和医学遗传学.北京:人民卫生出版社
左　伋.2005.医学遗传学.北京:人民卫生出版社

《医学遗传学基础》(五年制)教学基本要求

一、课程的性质和任务

医学遗传学是医学与遗传学相结合的一门学科,是一门重要的基础医学课程。

主要内容包括遗传分子基础、遗传细胞学基础、遗传基本规律、人类性状的遗传方式与遗传病、遗传病的诊断与防治、遗传咨询与优生、遗传与环境等。主要任务是使学生掌握医学遗传学的基本理论和基本技能,为后续专业课程的学习打下良好的基础;培养学生运用医学遗传学基本知识开展遗传咨询及遗传病调查分析的能力,促进学生职业能力的发展,为把学生培养成为相关医学专业的高素质技能型专门人才奠定基础。

二、课程教学目标

(一)知识教学目标

1. 掌握医学遗传学的基本理论和基本知识。
2. 掌握遗传病的发病机制、传递规律及常见遗传病的主要临床表现。
3. 熟悉遗传病的诊断、预防和治疗等的基本原则。
4. 了解遗传学常用实验仪器的正确使用和细胞、染色体标本制备的基本方法。
5. 为后续医学基础课和医学临床课奠定坚实的遗传学基础。

(二)能力培养目标

1. 通过遗传学理论的教学,培养学生的逻辑思维能力、分析问题和解决问题的能力。
2. 能识别常见的遗传病和出生缺陷;能运用遗传的基本规律,对常见单基因病家庭系谱进行初步分析;初步具备优生指导的能力。
3. 通过实验课教学,提高学生的观察、思考和动手操作能力,能规范地进行基本实践操作。
4. 培养学生的自学能力,激发学生的求知欲望,促进其智力发展,增强学习的主动性和自觉性。

(三)思想教育目标

1. 使学生明确学习医学遗传学的重要意义,增强提高人类健康素质的责任感和事业心。
2. 提高理论与实践相结合的综合素质,培养严肃谨慎、实事求是、一丝不苟、讲求效率的科学态度和工作作风。

三、教学内容和要求

本课程的教学内容分为基础模块、实践模块和选学模块。基础模块和实践模块是必学内容,选学模块根据学生实际情况选择使用。

基础模块

教学内容	教学要求			教学内容	教学要求		
	了解	理解	掌握		了解	理解	掌握
一、绪论				(三)学习、研究医学遗传学的重要意义	√		
(一)医学遗传学概述				二、遗传的分子基础			
1. 医学遗传学的概念		√		(一)遗传物质的结构与功能			
2. 医学遗传学在现代医学中的作用	√			1. 核酸的组成			√
(二)人类遗传病概述				2. DNA 的结构与功能			√
1. 遗传病的概念及特征			√	3. RNA 的结构与功能			√
2. 遗传病与一些疾病的关系		√		(二)基因			
3. 遗传病的分类			√	1. 基因的概念			√
4. 遗传病对人类的危害	√			2. 基因的结构			√
5. 人类遗传病的发病原因	√			3. 基因的功能			√

《医学遗传学基础》(五年制)教学基本要求

续表

教学内容	教学要求			教学内容	教学要求		
	了解	理解	掌握		了解	理解	掌握
4. 基因突变		√		2. 连锁与互换规律			√
5. 人类基因组计划	√			五、人类性状的遗传方式与遗传病			
三、遗传的细胞学基础				（一）单基因遗传与单基因遗传病			
（一）细胞的基本结构及功能				1. 常染色体显性遗传			√
1. 细胞膜			√	2. 常染色体隐性遗传			√
2. 细胞质			√	3. X连锁显性遗传			√
3. 细胞核			√	4. X连锁隐性遗传			√
（二）人类染色体				5. Y连锁遗传		√	
1. 人类染色体的形态结构、类型和数目			√	（二）多基因遗传与多基因遗传病			
				1. 多基因遗传概述		√	
2. 性染色质			√	2. 多基因假说	√		
（三）有丝分裂				3. 多基因遗传的特点	√		
1. 间期		√		4. 多基因遗传病			√
2. 分裂期		√		5. 多基因遗传病发病率的估计	√		
（四）减数分裂与配子发生				（三）染色体与染色体病			
1. 减数分裂的概念			√	1. 人类染色体的核型			√
2. 减数分裂的过程		√		2. 染色体畸变			√
3. 减数分裂的意义			√	3. 染色体病			√
4. 配子发生			√	（四）先天性代谢缺陷与分子病			
四、遗传的基本规律				1. 先天性代谢缺陷		√	
（一）分离规律				2. 分子病		√	
1. 遗传学常用术语及符号			√	六、遗传病的诊断与防治			
2. 一对相对性状的豌豆杂交实验		√		（一）遗传病的诊断		√	
3. 对杂交实验的遗传分析		√		（二）遗传病的预防		√	
4. 分离规律			√	（三）遗传病的治疗		√	
（二）自由组合规律				七、遗传咨询与优生			
1. 两对相对性状的豌豆杂交实验		√		（一）遗传咨询		√	
2. 对杂交实验的遗传分析		√		（二）优生学		√	
3. 自由组合规律			√	八、遗传与环境			
（三）连锁与互换规律				（一）环境污染与环境保护		√	
1. 连锁与互换的现象及遗传分析		√		（二）遗传与环境的关系		√	

实 践 模 块

对应单元序号	教学内容	教学要求		
		初步学会	学会	熟练
三、遗传的细胞学基础	1. 显微镜的结构和使用			√
三、遗传的细胞学基础	2. 细胞的有丝分裂			√
三、遗传的细胞学基础	3. 减数分裂			√
三、遗传的细胞学基础	4. X染色质的标本制作与观察			√
五、人类性状的遗传方式与遗传病	5. 人类染色体观察与核型分析			√
七、遗传咨询与优生	6. 遗传病调查与系谱分析		√	

选学模块

序号、单元题目	知识内容	实践内容
一、绪论	1. 医学遗传学在现代医学中的作用 2. 学习医学遗传学的重要意义	
二、遗传的分子基础	人类基因组计划	
三、遗传的细胞学基础		X染色质标本的制作
五、人类性状的遗传方式与遗传病	1. 多基因假说 2. 多基因遗传病发病率的估计 3. 分子病	1. 人类染色体标本的制作 2. 人类染色体显带技术
七、遗传咨询与优生	优生学的分类	
八、遗传与环境	环境污染与环境保护	

四、说 明

1. 本课程的教学基本要求采用模块结构表述，其中：

（1）课程教学总时数为36学时，包括基础模块、实践模块和选学模块。基础模块和实践模块是本专业的必学内容。

（2）选学模块根据学生实际情况选择使用，可在课外自学。

（3）基本要求：对理论知识的要求分为了解、理解、掌握；对实习（实验）内容的要求分初步学会、学会、熟练掌握。

2. 要改革教学方法和手段，融"教、学、做"为一体，强化学生能力的培养。可采用案例教学、角色扮演、小组学习、遗传咨询模拟、讲授与讨论相结合、实验、多媒体等教学方法和手段。

3. 对学生应进行综合评价，可通过课堂提问、实验操作、书面考试、技能考核等方法。

4. 教学中应教会学生学习的方法，启发学生的思维，培养学生的能力。

学时分配建议

对应单元号	教学内容	理论	实验	合计
1	绪论	2		
2	遗传的分子基础	4		
3	遗传的细胞学基础	4	4	
4	遗传的基本规律	6		
5	人类性状的遗传方式与遗传病	8	2	
6	遗传病的诊断与防治	2		
7	遗传咨询与优生	1		
8	遗传与环境	1	2	
	总计	28	8	36

目标检测选择题参考答案

第 2 章
1. C 2. A 3. D 4. A 5. B 6. D 7. A 8. D 9. D 10. C 11. C

第 3 章
1. A 2. D 3. B 4. C 5. A 6. D 7. C 8. D 9. C 10. B

第 4 章
1. B 2. C 3. B 4. A 5. C 6. A 7. D 8. B 9. C 10. C

第 5 章
1. C 2. D 3. C 4. C 5. B 6. C 7. B 8. A 9. D

B 型选择题
1. B 2. D 3. E 4. A 5. C 6. C 7. E 8. A 9. B 10. D

第 6 章
1. B 2. B 3. D 4. C 5. B 6. A 7. A 8. C 9. D 10. D

第 7 章
1. B 2. C 3. C 4. A 5. A 6. C 7. A 8. B 9. C 10. B